십대, 영화로 세상을 논하다

십대, 영화로 세상을 논하다

초판 1쇄 발행 2020년 12월 10일
초판 3쇄 발행 2023년 4월 30일

지은이 이임정, 정은혜, 최혜정, 박홍선
일러스트 전민경

기획 · 편집 도은주, 류정화
마케팅 박관홍

펴낸이 윤주용
펴낸곳 초록비책공방

출판등록 2013년 4월 25일 제2013-000130
주소 서울시 마포구 월드컵북로 402 KGIT 센터 921A호
전화 0505-566-5522 팩스 02-6008-1777

메일 greenrainbooks@daum.net
인스타 @greenrainbooks
블러그 http://blog.naver.com/greenrainbooks
페이스북 http://www.facebook.com/greenrainbook

ISBN 979-11-86358-46-7 (03680)

어려운 것은 쉽게 쉬운 것은 깊게 깊은 것은 유쾌하게

초록비책공방은 여러분의 소중한 의견을 기다리고 있습니다.
원고 투고, 오탈자 제보, 제휴 제안은 greenrainbooks@naver.com으로 보내주세요.

십대, 영화로 세상을 논하다

비판적 시각을 길러주는 우리 영화 읽기

이임정, 정은해, 최혜경, 박홍선 지음

초록비책공방

들어가며
우리 영화를 읽는다는 것은

어느덧 우리 영화는 100주년이라는 기념비적인 순간을 지나 세계에서 주목받기 시작했습니다. 하지만 우리 영화가 그동안 탄탄대로만 걸었던 것은 아닙니다. 1970년대 국내의 정치·경제적 문제의 여파로 우리 영화는 암흑기에 빠졌고, 이후 사람들이 외국 영화로 발길을 돌리면서 우리 영화의 미래를 짐작하기 어려웠던 시절도 있었습니다. 그래서 우리 영화를 살리기 위해 스크린쿼터제(자국 영화를 일정 기준 이상 상영하도록 하는 법적조치)가 도입되었습니다. 하지만 다양한 색깔을 가진 영화들이 만들어지고 관객들이 찾으면서 우리 영화는 다시 활기를 맞이하였습니다.

최근 봉준호 감독의 영화 〈기생충〉이 권위 있는 여러 국제영화제에서 상을 휩쓸면서 우리 영화의 저력과 가능성에 대해 많은 사람이 긍정의 평가를 내립니다. 반면에 세계의 거장들은 우리 영화의 미래에 대해 묻습니다.

"한국에서 박찬욱과 봉준호 뒤를 이을 감독은 누구인가?"

우리는 아직 이에 대한 계획이 없습니다. 이것이 우리 영화의 안타까운 현실입니다. 극장에 주목받는 영화가 상영되면 다른 영화들은 전멸합니다. 마블, 디즈니와 같은 흥행이 보장되는 영화가 멀티플렉스 상영관을 독점하는 기이한 현상이 일어납니다. 1,000만 관객 영화는 늘었지만 좋은 영화들이 상영관을 잡지 못해 빛을 보지 못하는 사례도 많습니다. 다양성과 예술성을 담보하지 않는다면 우리 영화는 또다시 위기를 맞이할 것입니다.

이 책은 청소년들이 사회의 많은 문제들을 영화를 통해 공유하면서 올바른 가치관을 정립하는 데 도움을 주고자 합니다. 이를 위해 다양한 주제와 장르의 우리 영화를 선정하려고 노력했습니다. 선정 기준은 영화가 얼마나 그 사회를 생생하게 담아내고 있는가, 현대사회가 잃어버린 가치에 대한 문제를 다루고 있는가, 사회적 문제에 대한 담론 형성에 얼마나 기여했는가입니다.

영화는 사회의 실재적인 문제와 그 문제를 둘러싼 다양한 인간의 민낯을 세밀하게 묘사합니다. 영화의 세상이 우리가 마주한 현실을 은유하는 것이라면 영화는 우리가 마주한 현실이 선과 악이 공존하는 세계라는 것을 알려줍니다. 영화를 보면서 추악함과

선이 공존하는 인간 내면을 마주하고 인정할 때 우리는 그 안에서 희망을 찾기 위해 노력할 수 있기 때문입니다.

이 책은 영화를 소개하고 설명하는 에세이와 생각할 거리를 제시하는 활동지로 구성되어있습니다. 에세이는 영화의 핵심적인 장면을 소개하고 그 장면에 담긴 가치에 대해 설명합니다. 활동지는 중·고등학교의 핵심 교육 가치를 중심으로 청소년 시기에 반드시 고민해야 할 가치들을 제시했습니다. 책에 선정된 다양한 영화를 통해 미래를 책임질 청소년들이 가치관을 올바르게 성장시킬 수 있고 나아가 희망적인 미래를 설계할 수 있기를 바랍니다.

3부. 기록, 그 너머의 역사

4부. 인간의 탐욕이 만든 재난

5부. 손잡고 가야 할 길

1부

어른들은 모르는
우리들만의 비밀

우리들
그럼 언제 놀아? 나 그냥 놀고 싶은데!

감독: 윤가은 | 개봉: 2016년 6월 | 등급: 전체 관람가

❧ ❧ ❧

영화 〈우리들〉의 포스터를 보면 선명한 봉숭아 꽃잎 속에 앉아있는 두 아이가 보입니다. 겹겹의 볼긋한 봉숭아 꽃잎은 풍성하게 뭔가를 꽉 채워주는 느낌을 줍니다. 꽃잎 속의 아이들은 무슨 이야기를 나누는 걸까요?

이 포스터를 보니 어릴 적 추억이 떠오릅니다. 여름 무렵 마당에서 봉숭아 꽃잎을 따 백반을 빻아 섞은 후 손톱에 조금씩 얹어 비닐로 감싸 묶고 잠이 들곤 했습니다. 그리고 아침에 일어나면 손톱에 발가우리하게 봉숭아 꽃잎이 물들어있던 기억이 납니다.

영화 포스터에 있는 문장 한 줄에 눈길이 머뭅니다.

'마음이 통했으면, 좋겠어'

마음이 통한다는 것은 다른 사람과의 관계를 좋게 할 수 있는 일이지요. 특히 내가 좋아하는 사람과 마음이 통한다는 것은 기분 좋은 일입니다. 하지만 마음은 보이지가 않아 통하기가 쉽지 않습니다. 그래서 서로 오해도 하고 싸우기도 합니다. 영화 속 주인공들처럼 말이지요.

영화 〈우리들〉은 누구나 겪었던 사춘기의 아픔을 통해 성장하는 아이들의 이야기입니다. 그 당시는 아픔이 너무 크고 힘들어서 견디기 힘들지만 아픔의 정서는 우리가 이겨내야 할 과제이며 그 아픔은 성장하는 힘이 됩니다.

주인공 선은 평범한 열한 살의 아이입니다. 여름방학을 시작하는 날 교실 앞에서 전학생 지아를 만납니다. 지아와 선은 방학 내내 함께 지내며 재미있게 보냅니다. 함께 놀이터에서 뛰어놀고, 이야기도 나누고, 손톱에 봉숭아 물도 들이며 그들만의 추억을 만들어갑니다. 그런데 개학 후 교실에서 만난 지아는 차가운 얼굴로 선을 대합니다. 도대체 그들에게 무슨 일이 있었던 것일까요?

❀ 나의 이름을 불러준 친구

영화의 첫 장면은 선의 얼굴을 클로즈업하면서 아이의 마음을 보여주고 있습니다. 피구 경기를 하기 전 아이들은 가위바위보로 편을 가릅니다. 친구들이 나를 언제 선택해줄지 친구들의 눈치를 보면서 울지도 웃지도 못하며 마음을 졸이는 상황입니다. 마지막으로 호명된 선의 이름. 선은 학교에서 왕따를 당하고 있습니다. 마치 그림자처럼 반에서 그리 중요하지 않은 아이. 다른 사람을 괴롭히거나 자기주장을 하지도 않는데 아이들은 왜 선을 좋아하지 않을까요?

피구는 날아오는 공을 적극적으로 잡거나 빨리 피하지 않으면 죽는 운동입니다. 또한 금을 밟아도 죽습니다. 선이 금을 밟지 않았다고 하는데 아이들은 힘을 모아 이야기합니다.

"너 금 밟았잖아."

선은 아이들이 금을 밟았다고 하니 밟은 것이 됩니다. 그리고 게임에서 죽었으니 나가야 합니다. 선은 아이들에게 적극적으로 다가가지도 않고 공격해오는 아이들을 피하지 않아서 왕따를 당하는 것일까요?

초등학생들에게 학교는 또래들과의 만남을 통해 함께 놀고, 공부도 하면서 수많은 시행착오를 겪는 곳입니다. 순간순간 지나고 보면 추억일 수 있지만 힘든 순간을 견뎌야 하는 곳이기도 합니다.

보라는 선을 생일파티에 초대해놓고 그것에 대해 보상을 해야 된다고 생각하는지 선에게 자기 대신 교실 청소를 해달라고 합니다. 그리고 선은 생일파티에 초대되었다는 기쁨에 청소를 흔쾌히 해줍니다.

보라의 생일선물로 팔찌를 정성껏 만들고 카드도 써서 생일파티 장소인 보라네로 갑니다. 하지만 그곳은 보라의 집이 아닙니다. 주소를 일부러 잘못 알려준 보라. 왕따 가해자들의 전형적인 수법입니다. 생일파티에 초대해놓고 집 주소나 시간을 잘못 알려주어 피해자를 당황하게 만들어버리는 것이지요. 당황해하는 선을 보면서 재미있어하는 보라와 아이들. 상심한 선은 속상한 마음에 육교 위에 올라가 선물로 만든 팔찌를 던져버리려고 합니다.

"너 선이지?"

그때 지아는 선의 이름을 불러줍니다. 자신의 이름을 불러주는 친구. 그 누군가가 불러주기 전에는 몸짓에 지나지 않던 내가 꽃이 되고 눈짓이 되고 의미가 되는 순간입니다. 그렇게 그들은 친구가 됩니다. 내 말을 들어주는 친구, 내가 만든 팔찌를 기쁜 마음으로 받아주는 친구를 선은 만나게 됩니다.

미국의 심리학자 매슬로(Abraham H. Maslow)는 인간의 동기가 작용하는 양상을 설명하기 위해 생리적 욕구, 안전의 욕구, 애정과 소속의 욕구, 인정과 존중의 욕구 그리고 자아실현의 욕구 5단계로 구분했습니다. 하위 욕구가 충족되면 동기유발이 되어

상위 욕구가 강하게 일어납니다. 인간은 생리적 욕구*가 충족되면 자신을 안전하게 보호하고자 하는 안전의 욕구가 생기고 다음에는 대인 관계 속에서 애정과 소속의 욕구를 충족시키려고 합니다. 애정과 소속의 욕구가 실현되면 다른 사람들로부터 인정과 존중을 받고자 하는 욕구가 나타나면서 최종적으로 자아실현의 욕구가 발현됩니다. 우리는 관계 속에 살아갑니다. 그 관계 속에서 인정받고 사랑받을 때 동기부여와 힘을 얻을 수 있습니다. 지아와 선도 친구들과의 관계 속에서 소속되고 사랑받고 싶어 합니다.

선의 가정형편은 좋지 않습니다. 하지만 서로 사랑하고 의지하는 따뜻한 가족입니다. 공장에서 일이 많아 야근이 잦은 아빠와 분식집을 하는 엄마, 치매로 병원에 계신 할아버지, 남동생 윤이 선의 가족입니다. 지아는 부모님이 이혼해서 할머니와 함께 삽니다. 하지만 자신의 엄마는 영국으로 일하러 갔다고 선에게 거짓말을 합니다. 지아는 자신의 엄마를 능력 있고 멋있게 이야기하고 싶지만 속마음은 엄마가 옆에 없어 속상합니다.

어느 날 엄마의 전화를 받고 우울해하는 지아. 엄마와 함께 바닷가를 가기로 했는데 엄마가 사정이 있어서 만날 수 없다고 합니다. 지아는 "엄마랑 살 때가 제일 좋았어."라고 선에게 힘없이

---

* 생명을 유지하기 위해 없어서는 안 될 기본이 되는 욕구들을 말합니다. 의식주 욕구, 성적 욕구, 수면 욕구 등

이야기합니다.

한편 지아의 할머니가 교회 모임으로 집을 비우는 동안 지아는 선의 집에서 같이 생활합니다. 선의 집에서 김치볶음밥도 나눠 먹고 같이 놀면서 즐거운 시간을 보냅니다. 그러다가 선이 엄마에게 응석 부리는 모습을 보고 지아는 괜히 심술을 부립니다. 자신에게 엄마가 없는 것이 선과는 아무 관계가 없는데도 선에게 화풀이를 합니다.

선은 화를 내는 지아를 이해하기 힘들지만 그런 지아에게 두 손 가득 봉숭아를 따줍니다. 그러고는 우정을 담아 지아의 손톱에 봉숭아 물을 들여줍니다. 진분홍색 봉숭아는 따뜻한 선의 마음입니다. 지아는 선의 이런 마음을 알아줄까요? 안타깝게도 지아는 질투를 넘어 분노로 무장하여 선을 공격합니다. 타인에게 인정을 받으려는 욕구가 잘못 분출된 것입니다. 그런 행동이 자신을 보호할 수 있다고 지아는 잘못 생각하고 있는 것입니다.

✪ 학원에서 싹트는 우정

공부하기 바쁜 요즘 아이들은 학원이나 학원버스에서 우정이 싹튼다고 합니다. 2004년에 출간된《평생 성적, 초등 4학년에 결정된다》라는 책은 4학년부터 계획을 세워 공부하지 않으면 남들보다 뒤쳐질 수밖에 없다는 내용으로 그 당시 학부모들에게 인기가 있었습니다. 하지만 요즘의 세태는 4학년보다 더 빨리 시작해야 된다고 생각해서인지 요즘 아이들은 방학 때 더 바쁩니다.

영화 속 담임선생님도 방학을 맞는 아이들에게 "너희들 4학년 여름방학이 얼마나 중요한지 알지?" 하면서 학업에 대한 중요성을 이야기합니다. 방학 때 더 많은 공부와 씨름을 해야 하는 요즘 아이들이 안쓰럽습니다.

이 영화 속 아이들도 학원이라는 곳을 벗어날 수가 없습니다. 영어학원에 다니는 지아는 혼자 학원을 다니기 싫어 선에게 같이 다니자고 합니다. 하지만 선에게 학원은 학원비 부담 때문에 쉽게 다닐 수 있는 곳이 아닙니다. 그런 선에게 지아는 "우리 아빠한테 이야기해서 너 학원비 내달라고 할까?"라고 합니다. 지아는 단지 학원을 같이 다니고 싶은 마음에서 한 이야기지만 선은 상처를 받습니다. 보이지 않는 마음을 잘못 드러내서 서로에게 상처를 줍니다.

지아는 학원에서 새로운 친구 보라를 만납니다. 보라는 선에게 생일 초대를 해놓고 집을 잘못 알려준 아이입니다. 그런 아이와 지아가 가까이 지냅니다. 지아는 전처럼 선에게 장난도 치지 않고 함께 놀자는 소리도 하지 않습니다. 지아는 선에게 점점 멀어지고 생일에 선을 초대하지 않습니다. 하지만 선은 지아에게 좋은 선물을 해주고 싶은 마음에 엄마의 돈을 몰래 훔쳐 지아의 선물을 삽니다. 값이 나가는 멋지고 근사한 선물입니다. 선물을 받고 좋아할 지아의 모습을 상상하며 지아의 집으로 달려갑니다. 그런데 지아는 학원 숙제를 해야 한다며 선의 선물을 받으려 하지 않습니다. 그 순간 보라와 다른 아이들이 지아의 집에서 나옵니다. 아이들을 보고 놀란 선은 지아에게 묻습니다.

"지아야, 너 생일파티 안 한다고 했잖아?"

지아가 머뭇거리는 동안 보라가 대답을 합니다.

"우리끼리 노는데 얘는 왜 자꾸 끼려고 해?"

선은 집으로 돌아와 지아와 같이 끼던 팔찌를 칼로 자릅니다. 이젠 지아와 놀지 않겠다는 마음을 행동으로 옮긴 것이지요.

한편 엄마는 선의 떨어진 성적을 보고 학원에 보내기로 합니다. 학원비 걱정을 하면서 가기 싫다는 선은 학원에 상담 받으러 갔다가 그곳에서 울고 있는 보라를 봅니다. 항상 1등을 도맡아 하던 보라가 지아에게 1등을 빼앗겨 속상해서 울고 있습니다. 손수건을 건네주는 선에게 보라는 자신이 아끼는 파란색 매니큐어를 빌려줍니다. 선의 손톱에는 지아와 함께 물들인 봉숭아 물이 조금 남아있지만 이젠 지아를 잊겠다는 것인지 봉숭아 물이 든 손톱에 매니큐어를 칠해버립니다. 봉숭아 물은 시간이 지나야 지워지지만 매니큐어는 마음만 먹으면 언제든지 지우고 바꿀 수 있으니까요.

✪ 진실을 말하지 않는 아이들

왕따 가해자들은 피해자를 자신들과 다른 종이라고 생각하고 왕따 피해자의 고통에는 관심이 없습니다. 가해자들은 그저 재미삼아 했을 뿐이라고 이야기하지만 피해자는 가벼운 장난으로 흘려보낼 수 없는 상황입니다.

영어학원에서 선이 말해준 지아의 이야기를 보라는 아무렇지도 않게 다른 아이들에게 떠들고 다닙니다. 그런 보라에게 선은 "지아 이야기를 다른 아이들에게 하지 말았으면 좋겠어."라고 말하지만 보라는 오히려 "왜 나한테 지아 이야기를 했는데?"라며 화를 냅니다.

걷잡을 수 없이 커진 아이들의 분노는 상대방을 공격하는 것으로 나타납니다. 분노의 부메랑이 시작됩니다. 화가 난 지아는 '선의 아버지는 알코올중독자'라며 칠판에 크게 써놓습니다.

"왕따면 왕따답게 혼자 놀 것이지 하여튼 왕따 같은 짓만 골라 해요."

지아는 선에게 독설을 퍼붓습니다. 하지만 선도 가만히 있지 않습니다.

"너도 전에 다니던 학교에서 왕따였다며. 너희 엄마 영국에 없다며. 거짓말만 하고. 거짓말하면 누가 좋아할 줄 알아?"

싸움은 눈덩이처럼 점점 커지고 서로에 대한 비난에 아이들은 흔들립니다. 우리는 왜 다른 사람에 대해 쉽게 평가하고 이야

기를 하는 걸까요?

　지아는 교실에서 머물 곳을 잃어갑니다. 아이들은 직접 손을
쓰지 않고 희생자를 말살시키는 '무시'라는 집단폭력을 사용합
니다. 당하는 아이는 참고 견디는 것밖에는 방법이 없었습니다.
체육시간 피구팀을 정할 때 항상 마지막에 남았던 아이가 선이
었다면 이젠 지아입니다. 그리고 금을 밟지도 않았는데 밟았다
고 우기는 아이들 틈에서 예전의 선은 침묵할 수밖에 없습니다.
그러나 이제는 침묵하지 않기로 합니다.

　"한지아, 금 안 밟았어. 내가 다 봤어."

　아이들은 잠시 머뭇거리다가 자비를 베풀 듯이 이야기합니다.

"됐어. 그럼 안 밟은 거로 할게."

그 소리를 듣고 멈칫거리는 지아. 그 사이에 아이들은 지아에게 공을 던집니다. 공을 맞고 금 밖으로 나가는 지아. 금 밖에서 지아와 선은 말없이 서로를 바라봅니다. 왕따를 당할까 봐 두려워하던 지아와 왕따를 당하면서 아무 말도 못하던 선은 이제 왕따를 극복하는 방법을 알게 된 걸까요? 처음 장면에서 아이들의 눈치만 보던 선은 아이들에게 당당히 이야기합니다. 이제는 적극적으로 공을 피하고 받을 준비가 된 것입니다.

✿ 그러면 언제 놀아?

"너 왜 윤호랑 놀아? 윤호랑 놀면서 때리고 다치고 매일 상처 내고 장난도 심하고……."

"요번엔 나도 때렸는데?"

"그래서?"

"윤호가 날 꽉 때렸어. 그래서 나도 때렸어. 그리고 윤호가 또 때리고……."

"그래서?"

"같이 놀았는데?"

"이윤! 너 바보야? 그러면 다시 때려야지?"

"또?"

"그래, 걔가 때리면 너도 때렸어야지?"

"윤호가 때리면 내가 때리고. 그러면 윤호가 때리고…… 그러면 언제 놀아? 그냥 놀고 싶은데……."

윤의 심금을 울리는 한마디입니다.

"그러면 언제 놀아?"

좋은 반전에는 언제나 발견이 있다고 아리스토텔레스가 이야기했습니다. 남에게 지는 것은 바보들이나 하는 짓이라고 알고 있던 누나에게 동생은 이야기합니다. 그건 바보가 아니라고 우리가 함께 살기 위해서는 지고 살 수도 있으며 함께 살기 위해서는 손해를 볼 수도 있다고 말입니다. 혼자서 열 걸음을 걸어가는 것보다 여럿이서 한 걸음 걷는 것이 더 중요하기 때문입니다. 여럿이 걷는 한 걸음은 우리에게 더 많은 행복을 줄 수 있습니다.

우아한 거짓말

감독: 정지우 | 개봉: 2014년 | 등급: 12세 관람가

김려령 작가의 소설《우아한 거짓말》을 영화로 만든 작품. 아빠 없이 씩씩하게 살아가는 엄마는 갑자기 사랑스런 막내딸의 죽음을 맞이합니다. 딸의 죽음 이후 밝혀지는 비밀과 주변 인물들의 실체를 보여줍니다.

방과 후 옥상

감독: 이석훈 | 개봉: 2006년 | 등급: 15세 관람가

학교에 전학 온 첫날부터 일진과 엮이게 된 남궁달은 옥상에서 학교 짱과 만나기로 합니다. 하지만 자신의 찌질함을 알기에 도망을 치기 위해 여러 가지 방법을 찾아보지만 결국 옥상에서의 결투는 피할 수 없습니다. 왕따 학생을 도와주려고 애쓰는 모습, 일진에게 덤비는 주인공의 무모함이 코믹하게 그려진 영화입니다.

1

난이도 ★ 중등 도덕

체육시간 피구팀을 정할 때 선은 반 아이들이 자신을 선택해주기를 기다립니다. 결국 마지막으로 호명된 선의 이름. 선은 학교에서 아이들과 어떤 관계로 지내고 있나요? 여러분이 선의 입장이라면 이 상황에서 어떻게 행동할 것인지 이야기해봅시다.

2

난이도 ★ 중등 도덕

보라의 생일파티에 초대받은 선은 보라 대신 교실 청소도 해주고 선물도 정성껏 준비합니다. 하지만 보라는 집 주소를 일부러 잘못 알려줍니다. 이런 보라의 행동에 대해 어떻게 생각하는지 이야기해봅시다.

3

난이도 ★ 중등 도덕

지아는 학교에서 선을 따돌림시키는 데 주동적인 보라와 가까이 지냅니다. 지아는 전처럼 선에게 장난도 치지 않고 함께 놀자는 소리도 안 합니다. 이런 상황에서 선은 지아의 생일선물을 사기 위해 엄마의 돈을 몰래 훔쳤습니다. 선의 행동에 대해 어떻게 생각하는지 이야기해봅시다.

4

동생 윤은 친구 윤호에게 맞으면서 계속 윤호와 놀고 싶어 합니다. "너 바보야?"라는 선의 말에 윤은 "윤호가 때리면 내가 때리고. 그러면 윤호가 때리고…… 그러면 언제 놀아? 그냥 놀고 싶은데."라고 말합니다. 윤의 말에는 어떤 뜻이 담겨있는지 생각해보고, 윤의 입장 또는 선의 입장이 되어 주장하는 글을 써봅시다.

> 윤의 입장: 친구가 때려도 놀아야 한다.
>
> 선의 입장: 때리는 친구와 놀지 말아야 한다.

5

영어학원에서 울고 있던 보라에게 선은 지아의 비밀을 이야기해줍니다. 그리고 다음 날 자신에게로 향했던 왕따의 화살이 지아에게로 향했음을 알게 됩니다. 이런 선의 행동을 어떻게 생각하는지 이야기해봅시다.

4등
수영장은 놀이터? 아니 전쟁터!

감독: 정지우 | 개봉: 2016년 4월 | 등급: 15세 관람가

❈ ❈ ❈

차범근, 박세리, 박찬호, 김연아 같은 이들을 '스포츠 영웅'이라고 합니다. 왜 운동선수들에게 '영웅'이라고 할까요? 스포츠를 통해 국위선양을 한다고 생각해서 그런 것 아닐까요? 그러다 보니 우리에게 스포츠 대회에서 우승을 하는 것은 굉장히 중요한 일입니다. 그래서 금메달을 딴 선수는 세간에 주목을 받지만 은메달에서 동메달로 내려갈수록 관심의 강도가 약해집니다.

이처럼 우리는 1등만 기억합니다. 1등만 기억하는 세상에서 4등은 관심 밖입니다. 금메달을 따던 선수가 은메달을 따면 언론은 보도도 하지 않습니다. 1등과 2등의 차이는 미세하지만 대중의 관심 강도는 아주 큽니다.

영화 〈4등〉은 1997년 우리나라가 IMF라는 힘든 시기를 겪고 있을 때 미국 LPGA투어에서 우승을 한 박세리 선수의 소식을 전하는 뉴스를 보여주며 아시안게임을 준비하는 수영선수의 이야기로 시작됩니다. 그리고 16년이 흐른 후 또 다른 수영선수의 이야기도 보여줍니다.

✪ 1등만 기억하는 세상

"야, 준호. 너 바보야? 너 지금 먹을 게 입으로 들어가니?"

"야, 4등. 너 때문에 내가 죽겠다."

"너 뭐가 되려고 그래. 너 어떻게 살려고 그래. 너 꾸리꾸리하게 살 거야?"

엄마는 수영대회에서 4등을 한 준호에게 화가 나서 소리칩니다. 수영대회를 나가면 항상 4등을 하는 준호는 화가 난 엄마에게 대답합니다.

"저도 나름대로 열심히 하고 있어요."

엄마는 준호가 수영에 소질이 있다고 생각합니다. 조금만 더 하면 순위 안에 들 수 있을 것 같기에 엄마는 준호의 기록을 올릴 방법을 찾으려고 애씁니다. 그래서 이런 방법도 써봅니다.

"너 엄마 싫지? 그러면 싫은 엄마가 막 따라온다고 생각하고 수영을 해."

준호 엄마처럼 한국 사회는 순위를 중요시합니다. 공부도 운동도 모두 1등 뒤로 줄을 서라고 합니다. 2등, 3등, 4등……. 순위가 점점 멀어질수록 그 뒤의 선수들은 보이지 않습니다. 올림픽에서도 총 메달 집계보다 금메달 수에만 집착합니다. 어느 개그맨의 말처럼 '1등만 기억하는 더러운 세상'이 우리를 슬프게 합니다. 그러니 2등을 한 선수는 조금만 더 했으면 1등을 했을 텐데 하는 아쉬움과 억울함만 보입니다. 한국 사회에서 1등이 아닌 사람은 패배자가 됩니다. 그래서 패배자 혹은 실패자 패러다임에 억눌려 다른 사람을 축하할 여유나 자신과 동료의 노력에 대한 가치를 생각하지 않나 봅니다.

1등만 우대해주고 인정해주는 문화는 영화에서 국가대표 수영선수 김광수를 망하게 만듭니다. 김광수는 물에만 들어가면 새로운 기록을 세웁니다. 다른 선수들은 기록 부진으로 기합 받는 동안 김광수는 코치가 사준 음식을 먹으며 특별대우를 받습니다. 숙소에서 무단이탈도 밥 먹듯이 하고 밤새 술도 마십니다. 그러면서 1등은 놓치지 않습니다. 그러니 코치도 할 말이 없습니다.

그런데 방콕 아시안게임 열흘 전 사건이 터집니다. 선수촌에 있어야 할 선수가 보이지 않습니다. 코치는 애타게 전화합니다. 김광수는 지금 선수촌으로 간다는 말만 하고 노름을 하느라 아시안게임 열흘 전에 나타납니다. 화가 난 대표팀 감독은 김광수에게 매를 듭니다. 100대를 맞으라는 감독에게 김광수는 반항합니다. 그리고 선수촌을 나오면서 선수를 구타한 감독을 신문사에 고발합니다.

그 후로 어떻게 되었을까요? 그 당시 전화를 받은 기자는 맞을 짓을 했으니 때렸겠지 하면서 기사를 써주지 않습니다. 결국 김광수는 아시안게임에 참가하지 못하고 스포츠센터에서 아이들을 가르치는 수영코치의 길을 걷습니다. 그리고 준호의 코치가 되어 이런 말을 합니다.

"잡아주고 때려주는 선생님이 진짜다. 내가 겪어보니 그렇더라. 기록을 냈다고 나만 특별대우해준 코치들이 원망스럽다. 나도 같이 때리면서 무섭게 했어야 했는데……."

김광수는 1등만 대우해준 세상을 원망합니다. 하지만 1등을 하지 못하는 준호는 엄마의 원망과 잔소리를 들으며 1등을 하고 싶어 합니다. 준호 방에는 수영대회 참가 메달이 수두룩하게 걸려있지만 등수 안에 든 메달은 없습니다. 준호는 벽에다 1등 메달을 그려놓으며 언젠가는 1등 메달을 걸어놓을 수 있을 거라 생각합니다. 준호가 간절히 원하는 1등 메달을 목에 걸면 준호는 과연 행복해질 수 있을까요? 준호가 원하는 것은 수영을 하는 것일까요? 아니면 1등을 하는 것일까요?

✪ 널 위해 그런 거야!

준호를 위해 엄마는 새로운 코치를 알아봅니다.

"자기 아이가 상처받을까 봐……."

새로운 코치를 소개해주는 사람은 주저하고 걱정하지만 준호 엄마는 단호합니다.

"그 상처 메달로 가릴 거예요."

준호의 엄마는 코치에게서 아이가 받을 상처나 아픔보다는 메달이 더 중요합니다. 준호의 새로운 코치는 선수에게 체벌을 심하게 하는 코치입니다. 그런 코치인 줄도 모르고 엄마는 그를 준호의 코치로 만들기 위해 애를 씁니다. 교회 가서 헌금까지 하면서 정성을 들이더니 이제는 절에 가서 기도합니다. 엄마는 준호가 1등만 한다면 예수님, 부처님 가릴 것 없습니다.

절에서 돌아오는 길에 준호의 동생이 물어봅니다.

"엄마, 무슨 소원 빌었어?"

"형 메달 따게 해달라고."

"나는?"

"공부 잘해서 좋은 대학 가게 해달라고."

"아빠는?"

"건강하게 직장 다니게 해달라고."

"엄마는?"

"……없어."

자신보다는 가족에 집중하는 엄마는 남편과 두 자녀 모두 성공하는 삶을 살기 위해서는 최고가 되어야 한다고 생각합니다. 그렇다면 우리에게 성공은 무엇일까요? 성공의 기준은 무엇일까요? 성공한 사람들은 어떤 사람을 말하는 걸까요? 우리 주위에 성공한 사람들은 모두 다 행복할까요? 성공하지 못하면 행복하지 않을까요?

새로운 코치는 엄마의 간섭을 차단하기 위해 절대 수영장에 들어오면 안 된다고 합니다. 그래서 엄마는 준호가 어떤 훈련을 받는지 아무것도 모릅니다. 코치는 준호가 집중력이 떨어지고 간절함이 없다며 때려가면서 연습을 시킵니다.

어느 날 엄마는 준호가 매를 맞으며 훈련한다는 것을 알게 됩니다. 멍이 든 준호의 몸을 보면서 놀라지만 준호가 1등만 한다면 이것도 이겨내야 한다고 생각합니다. 엄마는 준호가 맞는 것보다 4등을 하는 것이 더 무섭습니다. 준호의 엄마는 의도와 상관없이 방법이 잘못되어가고 있는 것을 모릅니다. 하지만 준호는 잘못된 것을 압니다. 그래서 엄마에게 용기 내어 말합니다.

"수영 그만둘래."

"준호야, 진짜야? 우리 열심히 했잖아."

달래듯 이야기하던 엄마는 화를 냅니다.

"네가 무슨 권리로 수영을 그만둬! 엄마가 너보다 더 열심히 했는데."

수영을 한 사람은 준호인데 엄마가 더 열심히 했다고 합니다.

준호는 수영을 마음대로 그만둘 수 없습니다. 준호는 엄마의 말을 듣고 무슨 생각을 했을까요? 수영을 하고 싶어서 내가 수영을 한 것이 아니라 1등을 원하는 엄마를 위해 내가 수영을 한 것인가?

엄마는 이젠 준호가 아닌 동생에게로 관심을 돌립니다. 동생은 형만 바라보던 엄마가 자기에게 관심을 가지니 좋을 줄 알았는데 너무 피곤합니다. 그래서 엄마에게 이야기합니다.

"형이 다시 수영했으면 좋겠어. 엄마가 나만 괴롭히잖아."

사랑이라는 이름으로 엄마는 자식들을 괴롭힌 것입니다. 이게 다 자식을 위한 것이 아니라는 것을 엄마는 언제쯤 알게 될까요?

✹ 준호의 성장

아빠는 준호의 코치가 16년 전 자신에게 구타 감독 기사를 써 달라고 전화를 한 김광수 선수임을 알게 됩니다. 그에게는 '맞을 만하니 맞았겠지.'라고 했던 김영훈 기자가 이젠 준호 아빠의 입장이 되어 그에게 때리지 말라고 부탁 같은 협박을 합니다. 아이를 다시 한 번 맡아달라고 부탁하지만 또 때릴 경우 수영선수협회에서 제명될 것이며 다시는 코치를 못 하게 될 것이라고 경고합니다. 하지만 김광수는 이런 말에 흔들릴 사람이 아닙니다. 구타는 계속되고 준호는 수영을 그만두겠다고 합니다.

준호는 수영을 그만두면 엄마의 잔소리도, 코치의 무서운 매

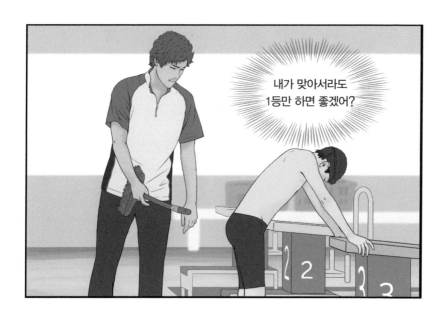

질도 없어지니 좋을 줄 알았습니다. 하지만 수영을 그만두고 나니 자신이 좋아하는 것은 수영이었다는 사실을 알게 됩니다.

준호는 햇빛을 손에 모으며 아빠에게 말합니다.

"햇살은 우주에서 온 것이고, 우주에서 온 햇살을 모아 기운을 받으면 에너지가 생겨요."

준호는 아무도 없는 수영장에 가서 수영을 합니다. 준호가 혼자 수영을 하는 그곳에 햇빛 한 줄이 비칩니다. 햇빛의 기운을 받아 에너지를 듬뿍 만들어 자신의 기운을 채웁니다. 그리고 엄마에게 이야기합니다.

"엄마, 난 수영에 소질이 있어. 그리고 좋아해. 엄마는 내가 맞아서라도 메달을 따면 좋겠어? 1등만 하면 맞아도 상관없어?"

준호는 자신의 꿈은 자신이 만들어가는 것이지 엄마가 준호의 손에 쥐어주는 것이 아니라는 것을 알게 됩니다.

그리고 수영을 다시 하고 싶다며 김광수 코치를 찾아가지만 그는 냉담합니다. 너같이 욕심 없는 아이는 안 된다면서 한마디를 하며 갑니다.

"너 혼자 해봐라. 금메달 딸 거다."

그리고 코치 자신이 기록을 세울 때 썼던 수경을 주고 갑니다. 이제부터 준호는 스스로 운동을 합니다. 엄마의 잔소리, 코치의 매질도 없이 새벽운동을 준비하고 대회에 출전합니다.

행복한 4등으로 끝을 낼지 아니면 남들이 부러워하는 1등으로 끝을 낼지 감독은 결말을 고민했다고 합니다. 마지막 대회 장면은 무척 아름답습니다. 수영선수들이 각자의 레인에서 물을 가르며 헤엄을 치는 모습은 치열한 대회라기보다 선수들이 레인 위에서 자신들의 꿈을 만들어가는 것처럼 보입니다.

준호의 모습을 통해 '진정한 행복'은 무엇일까 생각해봅니다. 진정한 행복은 어떤 두려움도 이겨낼 수 있으며 그 두려움을 이겨냈을 때 행복은 빛을 발합니다. 식물이 햇빛을 받아 자라는 것을 보면서 햇빛으로만 어떻게 자라지 하고 생각합니다. 하지만 그 빛은 에너지를 모아 영양분을 만들어 식물을 자라게 합니다. 아이들의 성장도 그런 것 같습니다. 아이들은 보이지 않게 조금씩 에너지를 스스로 만들어 성장합니다.

페이스메이커

감독: 김달중 | 개봉: 2012년 | 등급: 12세 관람가

42.195킬로미터의 마라톤 코스에서 페이스메이커의 역할은 30킬로미터까지입니다. 페이스메이커는 국가대표의 승리를 위해 선두에서 달려주는 것이 그의 임무입니다. 1등을 만들기 위해 보이지 않는 숨은 영웅은 영원히 메달을 딸 수 없는 것일까요?

세 얼간이

감독: 라지쿠마르 히라니 | 개봉: 2011년 | 등급: 12세 관람가

우리나라보다 더한 입시지옥을 경험하는 인도의 입시생들. 천재들만 간다는 인도 명문 공대에 입학한 삐딱한 천재와 친구들. 좋아하는 것을 위해 공부를 포기해야 하는지 아니면 좋아하는 것을 해야 하는지 다시 한 번 생각해보게 하는 영화입니다.

죽은 시인의 사회

감독: 피어 위어 | 개봉: 1990년 | 등급: 12세 관람가

학생들의 의견을 듣지 않는 선생님, 자식의 말을 들으려 하지 않는 부모님, 명문대만 보내려는 학교. 이 모든 것이 아이들을 옥죄지만 키팅 선생님의 수업에서 아이들은 조그만 숨통을 찾으려고 합니다. 기존의 전통과 규율에 맞서는 선생님을 위해 아이들은 외칩니다. "나의 선장님. 오 나의 선장님!"

우리 영화와 함께하는 토론·논술 활동

1

난이도 ★★ 중등 도덕

준호는 엄마에게 "난 수영이 좋은데 꼭 1등 해야 해요?"라고 묻습니다. 1등만 기억하고 좋아하는 사회에서 발생할 수 있는 문제점은 무엇인지 논술해봅시다.

2

난이도 ★★ 중등 도덕

준호는 코치에게 매를 맞아가며 수영을 합니다. 준호 몸에 난 상처를 보고도 모른 척하고 준호에게 계속 수영을 하게 하는 엄마의 방법이 옳은가요? 코치를 찾아가 때리지 말라고 하면서 돈 봉투와 부탁 같은 협박을 하는 아빠의 방법이 옳을까요? 함께 토의해봅시다.

3

난이도 ★★ 중등 도덕

청소년기에는 스스로 알아서 하지 못하기 때문에 부모님은 끊임없이 자녀를 도와주려고 합니다. 그러나 청소년들은 부모님의 도움을 잔소리라고 생각하지요. '부모님의 잔소리가 우리의 성장을 위해서 필요하다.'라는 주제로 토론해봅시다.

다음은 유엔에서 만든 〈아동권리선언〉입니다. 아동권리를 지키는 것은 가족의 책임도 있지만 궁극적으로는 사회와 국가의 책임입니다. 아동권리를 위해서는 가정과 부모의 힘으로 될 수 있는 게 아니라 우리 사회구조와 사회체계가 아동 친화적, 가족 친화적으로 바뀌어야 한다고 생각합니다. 아동권리를 지키기 위해 우리 사회에서 바뀌어야 할 항목을 다음에서 골라 토의해봅시다.

---

a. 안전하고 건강하게 자랄 권리 : 영양가 있는 음식을 먹고, 아프면 병원에서 치료를 받으며 안전하게 지낼 수 있는 곳을 가질 권리예요. 어린이들의 삶에서 가장 먼저 지켜져야 할 권리예요.

b. 폭력으로부터 보호받을 권리 : 어린이들의 허락 없이 만지거나 때리거나 괴롭힘을 당하지 않을 권리예요. 어린이들은 집에서든 학교에서든 학원에서든 놀이터에서든 신체적, 정신적으로 아프지 않게 보호받아야 해요.

c. 차별받지 않고 존중받을 권리 : 외국인이든, 장애를 가졌든, 키가 크든 작든, 몸이 뚱뚱하든 말랐든 평등하게 대우받을 권리예요. 왜냐하면 어린이는 그 자체만으로 소중하니까요.

d. 의견을 말하고 참여할 권리 : 어른들이 하는 일에 어린이도 생각을 말할 권리가 있어요. 어린이들도 어른들과 함께하고 참여할 수 있는 권리가 있답니다.

e. 교육받을 권리와 놀 권리 : 학교에 갈 나이가 되면 학교에 가서 공부할 권리가 있어요. 또 또래 친구들과 신나게 놀고 즐겁게 생활하는 것도 어린이가 누려야 할 권리랍니다.

벌새

나의 마음을 아는 사람은 얼마나 있을까?

감독: 김보라 | 개봉: 2019년 8월 | 등급: 15세 관람가

❦ ❦ ❦

벌새는 무게가 1.8~24그램 정도 나가는 작은 새로 1초에 19~90번의 날갯짓을 한다고 합니다. 벌처럼 공중에 떠서 먹이를 먹기 위해 그 많은 날갯짓을 하는 거지요. 영화 속 등장인물들은 벌새처럼 작고 힘이 없습니다. 하지만 열심히 살아갑니다.

영화 〈벌새〉는 2019년 부산국제영화제에서 처음 공개되었으며 개봉 전 베를린영화제를 비롯해 전 세계 영화제에서 45관왕(지금도 어디에서 상을 타고 있을지 모릅니다.)을 수상했습니다. 2019년 청룡영화제에서는 〈기생충〉을 제치고 각본상을 탔습니다. 김보라 감독은 봉준호 감독과 함께 해외에서 많은 찬사와 관심을 받고 있습니다. 단편영화 〈리코더 시험〉이 감독의 어린시절 이야기라면 〈벌새〉는 조금 더 성장한 중학생 시절의 자전적인 이야기입니다.

중2. 감독은 누구나 겪었던 사춘기 시절의 이야기를 담담하게 그려내고 있습니다. 영화의 배경은 1994년 서울입니다. 1994년은 북한의 김일성 사망, 성수대교 붕괴 사고와 같은 사회적 이슈와 문제들이 많이 일어났던 해입니다.

✪ 은희의 눈으로 본 세상

주인공 은희는 강남 대치동에 살며 부모님은 방앗간을 하고 있습니다. 대치동에서는 돈 자랑, 학벌 자랑은 하지 말라는 말이 있습니다. 판검사, 의사, 정치인 등 누구나 들으면 알만한 직업과 돈 있는 사람들이 사는 곳이기 때문입니다.

공부에 관심이 없는 언니는 강남에서 강북으로 고등학교를 다닙니다. 아버지의 희망인 오빠는 공부를 어느 정도 하는지 전교회장 출마에 외국어고등학교에 가는 것을 목표로 공부를 합니다. 막내 은희는 학교에서 날라리로 불리며 공부에 관심이 없습니다.

어느 날 담임선생님은 우리 반의 날라리를 적어내라고 합니다. '노래방 가는 것들, 담배 피우는 것들, 공부 안 하고 연애하는 것들'이라고 날라리의 기준도 말해줍니다. 선생님의 기준에 이런 학생들에게는 '것들'이라는 단어가 어울린다고 생각합니다. 은희는 선생님이 말하는 모든 기준에 해당합니다. 그리고 담임 선생님은 아이들에게 구호를 외치라고 합니다.

"나는 노래방 대신 서울대 간다."

선생님의 힘 있는 선창과 달리 아이들은 힘없이 주먹을 흔들면서 의미 없는 외침을 질러댑니다.

수업이 끝난 후 은희는 친구와 방방이를 뛰면서 크게 외칩니다.

"담임 지랄 같아!"

방방이는 안전을 위해 그물로 둘러쳐져 있습니다. 그 안에서 높이 뛰어오르는 아이들의 모습은 '난, 이 세상이 마음에 안 들어 뛰어나가고 싶어.' 하듯이 팡팡 뛰어오릅니다. 하지만 아이들은 아직 힘이 없는 작은 벌새입니다. 안전을 위해 어른들이 쳐놓은 그물 안에서만 뛰어야 합니다.

가족이 모두 모이는 식사 시간, 아버지의 잔소리가 시작됩니다. 가장의 책임을 지기 위해 밖에서 무척 애를 쓰고 있다는 자신의 이야기와 함께 오빠가 공부를 더 잘할 수 있게 가족 모두 신경을 써주라고 명령조로 말합니다.

은희는 식사 자리에서 오빠가 자신을 때렸다고 이야기하지만 아버지는 형제간의 싸움으로 넘겨버립니다. 은희는 싸운 게 아니라 오빠에게 일방적으로 맞은 겁니다. 아버지의 가부장적인 모습과 폭력을 닮은 오빠, 그런 오빠의 손찌검을 형제간의 싸움으로 가볍게 보는 아버지가 은희는 이해가 안 됩니다.

한번은 은희가 친구와 장난으로 문방구에서 물건을 훔치다 걸렸습니다. 문방구 주인이 아버지에게 전화를 걸어 아이들을 경찰에 넘기겠다고 으름장을 놓자 아버지는 마음대로 하라며 전화를 끊어버립니다. 기가 찬 주인은 은희와 친구를 돌려보냅니다. 자식을 경찰에 넘겨버리라는 아버지가 은희는 더 기가 막힙니다.

항상 지시적인 말투와 행동으로 가족을 제압하는 아버지. 그런 권위적인 아버지가 거실에서 음악을 틀어놓고 사교댄스 연습을 합니다. 학교에서 돌아온 은희는 아버지를 바라봅니다. 은희와 눈이 마주친 아버지는 테니스 연습을 하는 거라며 궁색하게 변명을 하고 나갑니다. 그리고 엄마는 아버지가 무슨 옷을 입고 어디에 갔냐며 물어봅니다. 은희의 눈에 비친 아버지는 어떤 모습일까요?

은희를 가장 많이 이해해주고 응원해주는 엄마는 자신이 이루지 못한 꿈을 은희가 이루어줬으면 좋겠다는 듯 이야기합니다.

"은희야, 날라리가 되면 안 돼. 공부 열심히 해서 여대생이 되어야 해. 그래야 무시도 안 당하고, 영어 간판도 읽고…… 캠퍼스에서 가슴에 책을 끼고 다녀야지."

가정형편이 어려워 공부를 제대로 하지 못한 엄마는 대치동이란 곳에서 장사를 하면서 남들의 무시와 남편의 잔소리 그리고 춤바람까지 모두 안고 가야 합니다. 그래서 엄마는 은희에게 '너는 나처럼 살지 마'를 그렇게 돌려서 이야기합니다. 학교에서 돌아온 은희는 감자전을 열심히 먹습니다. 엄마가 나를 위해 만들어준 감자전이 은희에게는 사랑입니다. 이 집에서 유일하게 나에게 관심을 주는 엄마의 사랑을 놓칠 수 없다는 듯이 두 손으로 젓가락도 없이 찢어가며 감자전을 먹습니다.

공부에 관심이 없는 언니는 아버지 몰래 학원을 빠지기도 하고 남자친구를 집에 데려오기도 합니다. 언니는 아버지의 야단과 잔소리에도 불구하고 탈선을 멈추지 않습니다. 공부를 잘하는 오빠는 점점 잔소리와 폭력으로 무장한 아버지처럼 변해갑니다.

어디에도 마음 둘 곳이 없는 은희에게 새로운 안식처가 생깁니다. 한문학원에 새로 온 김영지 선생님입니다.

"은희의 얼굴을 아는 사람은 몇 명일까?"

"50명? 아니 몇 백 명은 될 것 같아요."

"그러면 은희의 마음을 아는 사람은 몇 명이나 될까?"

은희는 선생님의 물음에 쉽게 답할 수가 없습니다. 가족도 남자친구도 단짝친구도 은희를 좋아하는 후배도 아닌 것 같습니다. 김영지 선생님이 은희의 마음을 아는 유일한 사람입니다. 이 세상을 어떻게 사는 게 맞는지, 온통 모순투성이인 이 세상을 어떻게 바라봐야 하는지 은희는 혼란스럽습니다. 그때마다 김영지 선생님은 은희에게 스스로 힘을 가질 수 있는 말을 해줍니다.

"선생님은 자신이 싫어진 적이 있으세요?"

"응. 많아. 나는 내가 싫어질 때 그 마음을 들여다보려고 해."

가족의 무관심, 단짝친구에게 느끼는 서운함, 남자친구의 배신, 은희가 좋던 후배의 달라진 행동, 담임선생님이 자신에게 하는 행동을 보면서 은희는 자신이 싫어집니다. 그리고 자신은 초라하고 아무 힘도 없는 나약한 존재라고 생각합니다.

은희가 바라본 세상은 서로에게 관심이 없는 세상입니다. 부모님은 사는 게 바쁘다는 핑계로 모든 것을 대충 해결하고 덮으려 합니다. 언니와 오빠도 은희의 세상에는 관심이 없습니다. 기껏해야 관심의 표현이 폭력으로 나타날 뿐입니다. 남자친구는 은희가 좋다고 하지만 은희 앞에서만 그렇게 말할 뿐입니다. 단짝친구도 단짝이 아닌 것 같습니다. 모두 은희의 얼굴은 알고 있지만 은희의 마음을 아는 사람은 아무도 없습니다. 내 마음을 알아주는 사람이 없다는 서운함에 은희는 자신이 싫어집니다. 자신은 아무것도 못 하고 힘도 없고 나약한 존재라고 생각합니다.

하지만 은희는 날갯짓을 조금씩 해봅니다. 김영지 선생님처럼 마음을 들여다보고 자신과 다른 사람들을 이해해보려고 합니다. 마지막 장면에서 은희는 친구들을 찬찬히 둘러보면서 미소 짓습니다. 이제 은희는 친구들을 바라보고 이해하면서 더 넓은 세상을 이해할 것입니다.

영화 〈벌새〉는 우리들의 중학교 시절을 돌아보게 합니다. 그시절 우리는 아직 미숙하고 덜 완성된 모습에서 뭔가를 완성해보려고 자꾸 부딪힙니다. 부딪히다 다치기도 하고 더 나아가지 못하기도 합니다. 하지만 그런 시간을 보냈기 때문에 지금의 우리가 있는 것이 아닐까요?

⊛ 누구나 그림자는 있다

빛과 그림자. 둘은 항상 함께할 수밖에 없습니다. 하지만 태양을 향해 걷는 자는 자기 그림자를 보지 못하듯이 영화 속 등장인물들도 자신의 그림자를 보지 못합니다.

아버지는 앞만 보고 달려갑니다. 그래서 자신의 그림자를 보지 못합니다. 어느 날 은희의 귀 뒤에 혹이 생겨 수술을 해야 한다는 의사의 말을 듣고는 자신의 그림자를 보게 됩니다. 그동안 막내딸 은희에게 무관심했던 미안한 마음인지, 가족들에게 사랑을 주지 못한 아쉬운 마음인지, 아버지는 여러 가지 복잡한 마음에 병실 앞에서 소리 내어 웁니다.

오빠 대훈의 그림자는 가족의 기대와 아버지를 대신해야 한다는 마음일까요? 항상 잘해야 한다는 부담감과 장남이라는 자리는 대훈에게 폭력과 무관심이라는 그림자를 만들게 합니다. 그러던 어느 날 성수대교가 무너졌다는 소식을 듣고 강북으로 등교하는 누나 수희를 걱정합니다. 다행히 누나는 버스를 늦게 타서 목숨을 건집니다. 가족은 항상 그 자리에 있는 줄 알았습니다. 만약 누나에게 무슨 일이 생겼다면 함께하는 식사 시간에 누나를 다시는 마주할 수 없었을 겁니다. 대훈은 식사 시간에 어깨를 들썩이며 목 놓아 웁니다. 살아온 누나가 감사할 뿐입니다.

엄마는 아버지와 싸우고 난 다음 날 아무렇지도 않게 TV를 같이 봅니다. 전날 밤 전등을 던져 아빠가 다칠 정도로 싸웠는데 어떻게 함께 앉아서 TV를 볼 수 있는 건지 엄마가 무슨 생각을 하는 건지 은희는 이해가 안 됩니다. 영화에서 그림자가 가장 큰 사람은 엄마입니다. 어렸을 때 가정형편이 어려워 자신을 희생하면서 공부도 포기하고, 결혼 후에는 자식과 남편 뒷바라지에 가게 일까지 합니다. 하지만 엄마의 목소리는 항상 조용합니다. 자신의 의견을 말하는 적이 없습니다. 학교 갔다 오는 길에 계단을 올라가는 엄마의 뒷모습을 보고 은희가 계속 '엄마'를 크게 외쳐 부르는 장면이 있습니다. 하지만 엄마는 은희의 목소리를 듣지 못합니다. 그 장면에서 엄마는 그림자로 둘러싸인 삶에서 벗어나 밝은 햇빛을 향해 걸어가는 것 같습니다.

좋아하는 것이 있느냐는 김영지 선생님의 질문에 은희의 단짝 친구 지숙은 시험을 잘 볼 때마다 부모님이 사주는 '캘빈클라인'을 좋아한다고 합니다. 자신이 좋아하는 게 유명 해외 브랜드라는 대답에 김영지 선생님은 웃음을 짓습니다. 그런 지숙의 그림자는 개 패듯이 자신을 때리는 오빠와 곧 이혼할 부모님입니다. 어느 날 문방구에서 물건을 훔치다 발각이 되었을 때 지숙은 그 순간을 모면하기 위해 은희 부모님의 전화번호를 문방구 주인에게 알려줍니다. 화가 난 은희가 이유를 묻자 문방구 주인이 자신을 때릴 것 같아 무서워서 그랬다고 합니다.

은희에게 좋은 말을 해주고 따뜻한 모습을 보여주는 김영지 선생님의 그림자는 무엇일까요? 선생님은 대학을 다니다 오랜 기간 휴학중입니다. 그 이유는 선생님이 보는 책이나 관심거리를 보면 알 수 있습니다. 선생님은 이 세상이 공평하고 정의로운 사회가 되기를 바랍니다. 힘없는 사람들의 것을 빼앗거나 가난하다고 함부로 동정하지 않는 세상을 꿈꿉니다. 함께 나누면서 아름다운 세상을 만들어가기를 바라는 선생님은 그런 세상의 '길'을 만들기 위해 고민합니다. 하지만 선생님이 바라는 세상의 모습과 달리 만들어진 성수대교 때문에 선생님은 이 세상에서 은희와 함께할 수 없게 됩니다.

빛이 사라지면 그림자도 사라집니다. 빛이 우리에게 밝고 긍정적인 이야기를 만들어준다면 빛을 등지고 만들어지는 그림자는 우리의 숨겨진 이야기를 만들어냅니다. 이 세상에 밝은 면만 있다면 세상은 우리가 꿈꾸는 천국이 될까요? 어두운 그림자 덕분에 밝음이 더 소중해지는 것은 아닐까요? 이것이 우리의 삶에 빛과 그림자가 공존해야 하는 이유일 것입니다. 영화 속 등장인물들은 각자의 그림자를 안고 살아갑니다. 하지만 벌새처럼 열심히 날갯짓을 하며 헤쳐 나가려 합니다. 작은 날갯짓이 언젠가는 어두움을 밝게 할 수 있기 때문입니다.

❀ 세상은 참 신기하고 아름답다

어둠이 짙을수록 빛은 더 선명해집니다. 영화에서는 가족이 함께 식사하는 장면이 자주 나오는데 은희의 수술 소식을 듣고

1부. 어른들은 모르는 우리들만의 비밀

나의 마음을 아는 사람은 얼마나 있을까? 〈벌새〉

함께하는 식사 시간에 가족들의 관심이 은희에게 집중됩니다. 가족들은 음식을 은희 앞에 놔주기도 하고 별로 힘든 수술이 아닐 거라는 말로 은희를 위로합니다. 은희는 수술이 무섭기는 하지만 가족들의 관심에 기분이 좋습니다.

문방구 사건 이후 은희와 지숙은 화해를 하고 그동안 못다한 이야기를 나눕니다. 은희는 자기를 좋아한다고 따라다니던 후배의 변한 행동에 이해가 안 된다고 지숙에게 이야기합니다. 은희의 말을 들어주던 지숙은 은희에게 이런 말을 합니다.

"너 그거 알아? 가끔 너만 생각하는 거."

은희는 이제 자신의 목소리를 내기 시작합니다. 그전에는 남자친구가 잘못했다고 하면 눈감아줬지만 이젠 아닙니다. 잘못했다고 하는 남자친구에게 "너 좋아한 적 없어."라고 당당하게 말합니다. 물론 남자친구와 헤어지고 집에 와서는 '네가 만약 괴로울 때면 내가 위로해줄게. 네가 만약 서러울 때면 내가 눈물이 되리~~'라는 노래를 들으면서 춤 같지 않은 춤을 춥니다. 춤은 그동안 은희의 마음에 쌓인 분노를 하나하나 꺼내 던져내는 마음의 표현입니다.

은희는 그동안 김영지 선생님이 옆에 없다는 생각에 선뜻 선생님이 죽기 전에 보내준 편지를 볼 수 없었습니다. 하지만 이제는 볼 수 있습니다.

어떻게 사는 것이 맞을까? 어느 날 알 것 같다가도 정말 모르겠어.

다만 나쁜 일이 닥치면서도 기쁜 일이 함께한다는 것.

우리가 늘 누군가를 만나 무언가를 나눈다는 것.

세상은 참 신기하고 아름다운 것 같아.

김영지 선생님의 편지를 읽으면서 은희는 자신이 선생님에게 썼던 편지 구절을 생각합니다.

선생님, 제 삶도 언젠가 빛이 나겠죠?

은희는 선생님께 인사하려고 성수대교로 달려갑니다. 중간이 잘려나간 성수대교를 보면서 은희는 기도합니다.

'선생님 감사해요. 선생님 덕분에 이 세상을 아름답게 볼 수 있을 것 같아요. 이젠 제 삶도 빛이 날 수 있다는 것을요. 이젠 이 세상 걱정하지 마시고, 선생님 편히 쉬세요.'

좋은 책과 좋은 영화는 보면 볼수록 생각할 거리를 만들어줍니다. 〈벌새〉가 그런 영화라고 생각합니다. 중2의 눈으로 본 세상은 모순투성이고 이해할 수 없는 일이 가득합니다. 사춘기 시절로 잠시 돌아가보면 왜 세상이 그리 마음에 안 들었는지 모르겠습니다. 어른들의 눈에는 이유 없는 반항이고 투정으로 보이겠지만 그 당시 우리에게는 심각하고 큰 고민이었습니다. 그런 고민을 들어주고 위로해주는 사람이 있었나요?

리틀 포레스트
감독: 임순례 | 개봉: 2018년 | 등급: 전체 관람가

일본에서 동명의 만화를 원작으로 먼저 만들어진 영화입니다. 요리 과정을 중점으로 다룬 일본영화와는 달리 우리나라에서 리메이크된 작품은 젊은이들의 취업과 연애 이야기를 다루고 있습니다. 계절에 따라 변하는 풍경과 함께 만들어지는 요리를 보면 마음이 편안해집니다.

보희와 녹양
감독: 안주영 | 개봉: 2019년 | 등급: 12세 관람가

아버지 없이 엄마와 사는 보희. 엄마 없이 아버지, 할머니와 사는 녹양. 이름이 여자 같다는 이유로 놀림을 받는 보희와 녹색 태양이라는 씩씩한 이름을 가진 녹양은 친구가 됩니다. 보희의 아버지를 찾으러 나서면서 일어나는 잔잔한 사건과 사고를 통해 두 아이는 성장합니다.

1

난이도 ★★★★ 고등·국어

영화 〈벌새〉는 날갯짓을 열심히 하면서 살아가는 벌새처럼 자신을 찾아가기 위해 애쓰는 주인공과 주변 인물에 대한 이야기입니다. 헤르만 헤세의 《데미안》도 주인공 싱클레어가 자신을 찾아가는 과정을 그린 이야기입니다. 《데미안》과 〈벌새〉에 나오는 다음의 문장에서 공통점과 차이점을 찾아 논술해봅시다.

어떻게 사는 것이 맞을까? 어느 날 알 것 같다가도 정말 모르겠어.

다만 나쁜 일이 닥치면서도 기쁜 일이 함께한다는 것.

우리가 늘 누군가를 만나 무언가를 나눈다는 것.

세상은 참 신기하고 아름다운 것 같아. (중략)

선생님, 제 삶도 언젠가 빛이 나겠죠?

— 영화 〈벌새〉 중에서

'새는 알을 깨고 나온다. 알은 곧 세계이다. 태어나려고 하는 자는 하나의 세계를 파괴하지 않으면 안 된다.'

— 《데미안》 중에서

2

1994년은 사회적으로 큰 사건 사고가 많았던 해입니다. 영화의 배경인 1994년 당시 대한민국에 어떤 일들이 있었는지 알아보고, 그 당시의 우리 사회의 모습과 영화〈벌새〉의 공통점을 찾아 논술해봅시다.

- 김일성 주석 사망
- 성수대교 붕괴
- 지존파 사건
- '장교 길들이기'로 불린 하극상 사건
- 검찰 12.12사태 규정
- 인천·부천 세무 비리 사건
- 아현동 도시가스 폭발사고

3

담임선생님은 "우리는 살아가는 것이 아니고, 매일 죽어가고 있는 것이다.", "우리는 노래방 대신 서울대 간다."라면서 아이들에게 공부하기를 독려합니다. 담임선생님은 아이들에게 왜 이런 말을 했을까요? 내가 공부를 하는 이유에 대해 생각해보고, 글을 써봅시다.

4

김영지 선생님은 은희와 지숙에게 "너희 마음을 아는 친구가 몇 명일까?"
라는 물음을 던집니다. 친구가 나의 마음을 안다는 것은 어떤 의미일까요?
그리고 여러분의 마음을 아는 친구는 몇 명인지 이야기해봅시다.

5

은희는 그동안 억눌리고 참았던 것들을 쏟아내고 자신만의 빛나는 삶을
살아가려고 합니다. 여러분의 삶에서 억눌리고 참았던 것들이 있나요? 그
런 것들을 이겨내기 위해서 어떻게 했나요? 여러분의 삶을 빛나게 하기 위
해서 할 수 있는 일을 생각해보고 이야기해봅시다.

6

칭찬은 사람을 변화시키고 가정을 변화시킬 수 있습니다. 그런데 은희의
가족은 칭찬보다 비난을 더 많이 하고 있습니다. 부모님이나 형제자매에
게 칭찬하는 글을 써봅시다.

영주

난 당신을 알아요

감독: 차성덕 | 개봉: 2018년 11월 | 등급: 12세 관람가

❦ ❦ ❦

영화 〈영주〉를 만든 차성덕 감독도 영화 속 주인공처럼 열 살 때 부모님을 교통사고로 잃었습니다. 대학 시절 수업시간에 에세이를 쓰면서 부모님을 죽게 한 사람들이 궁금해졌습니다. 그래서 대본을 쓰고 이 영화를 만들었다고 합니다. 차성덕 감독은 영화는 좋은 쪽으로든 나쁜 쪽으로든 관객을 불편하게 해야 한다고 말합니다. 영화가 끝난 후 자리를 툭툭 털고 나올 수 없는 그런 영화 말이죠. 〈영주〉가 그런 영화입니다.

'한 아이를 키우려면 온 마을이 필요하다.'는 아프리카 속담이 있습니다. 한 아이가 성장하기 위해서는 가정과 학교, 사회의 관심이 필요하다는 이야기입니다. 가정에서 채워지지 않는 아이는 학교나 주변 사람들과의 관계 속에서, 학교에 적응하지 못하는 아이는 가정과 사회 속에서 부족한 부분을 배우고 느끼면서 성장하도록 도와주어야 합니다. 그런데 가정이나 학교, 사회가 역할을 제대로 하지 못할 때 그 아이는 어떻게 될까요?

영화 〈영주〉는 어느 날 갑자기 교통사고로 부모를 잃은 남매의 이야기입니다. 전래동화나 옛이야기에서 부모를 잃은 남매나 자매는 서로에게 의지하면서 어려움을 헤쳐 나갑니다. 하지만 영화 〈영주〉에서는 그렇지 않습니다.

✪ 동생과 함께 살 수는 없는 건가요?

영주는 아르바이트를 하며 전전긍긍 살아갑니다. 야식으로 나온 김밥을 꼭꼭 씹어 먹는 모습은 '힘들지만 견뎌볼 거야. 하지만 이런 생활이 아직은 쉽지만은 않아.'라고 말하는 듯합니다. 한입 가득 쑤셔 넣은 김밥은 마치 선택도 할 수 없이 힘든 현실에 처한 영주의 삶을 보여주고 있는 것 같습니다.

영주의 유일한 친척인 고모와 고모부는 영주와 동생이 살고 있는 집을 팔려고 합니다.

"낼 모래면 스무 살인데, 스무 살이면 어른이야. 어른이면 성인답게 행동을 해야지 이렇게 상황을 몰라서 어떡해? 너는 아직 어리니깐 고모를 엄마라고 생각도 하고⋯⋯."

어른이라고 했다가 또 어린애라고 하는 고모를 영주는 이해하기 힘듭니다. 하지만 영주는 당당하게 이야기합니다.

"저 어린애 아닌데 그러니깐 엄마 같은 거 필요없어요. 그리고 우리 집이에요. 우리 가족 네 명이 살던 우리 집이라고요."

영인과 영주의 확고한 태도에 고모는 집을 팔지 못합니다.

'좋은 누나가 되어 동생을 돌봐줄 거야. 우리 둘이 잘살 수 있을 거야.'라고 영주는 생각합니다. 하지만 영주의 마음대로 되지 않는 게 세상입니다.

부모님의 기일에 영주는 제사상을 차려놓고 동생을 기다립니다. 전화도 안 받던 동생에게 연락이 와 피시방에서 폭력 사건에 휘말렸는데 합의금 300만 원이 필요하다고 합니다. 영주는 고모에게 도움을 요청하지만 고모는 도움이 필요없다고 할 때는 언제고, 이제 와 도와달라고 하냐며 보고 싶지 않다고 합니다. 영주는 합의금을 구하기 위해 전화로 소액대출을 신청하지만 대출 사기를 당합니다. 영주의 통장에 남은 돈은 10만 원. 영주는 부모님의 제사상 앞에서 목 놓아 웁니다. 도대체 어떻게 살아가야 하는 건지 세상을 향해서 웁니다. 영주에게는 힘이 되어주는 가정도 사회의 관심도 없습니다. 영주는 과연 어디에 기대며 살아가야 할까요?

✪ 사람 구하죠?

우연히 보게 된 판결문에서 영주는 아빠와 엄마를 죽게 만든 사람의 주소를 보고 그곳을 찾아갑니다. 시장에서 두부를 만들어 파는 부부의 모습을 보면서 영주는 머뭇거립니다. 무슨 말을 해야 할지 그리고 내가 왜 여기에 왔는지 모르겠습니다.

담벼락에 쪼그려 앉아 담배를 피우는 아저씨(아빠를 교통사고로 죽게 만든 사람)에게 말을 겁니다.

"사람 구하죠?"

직원을 구하는 '구인(求人)'이 될 수도 있지만 영주의 말은 '사람 좀 구해주세요. 저 좀 구해주세요!'라는 소리 같습니다.

영주는 그 두부 가게에서 일하면서 아저씨와 아주머니의 아픔을 알게 됩니다. 오랫동안 식물인간으로 누워있는 아들과 10년 전 교통사고를 낸 죄책감으로 아저씨는 자살 시도를 할 정도로 힘들어합니다. 부모 없이 사는 자신만 힘들다고 생각했는데 아저씨와 아주머니도 힘들게 살고 있습니다.

처음에 영주는 아주머니가 수고했다며 챙겨주는 두부를 자신의 집 앞에 버리고 들어갑니다. 아직 영주에게 아저씨와 아주머니는 복수의 대상입니다. 그래서 두부 가게에 가서 동생 합의금에 필요한 돈을 훔치려 합니다. 그러다 술을 마시고 가게에 온 아저씨와 마주치게 됩니다. 영주는 자기를 아들로 착각하고 울면서 쓰러지는 아저씨를 뒤로한 채 돈을 들고 달려 나갑니다. 하

영주야, 넌 좋은 애야. 아줌마는 알 수 있어.

지만 영주는 멀리가지 못합니다. 자신의 잘못이 드러날 것을 알면서 119에 신고해 아저씨를 병원으로 옮깁니다.

　다음 날 아주머니는 영주에게 아저씨의 목숨을 구해줘서 고맙다는 말과 함께 돈 봉투를 쥐어줍니다. 그 돈으로 소년원에서 나온 동생은 자신과 눈도 못 마주칩니다. 그런 동생에게 영주는 말합니다.

　"괜찮아. 누나만 믿어. 영인아 우리 잘살자. 우리 잘살아보자."

　영주는 딸처럼 챙겨주는 주인아주머니가 엄마였으면 좋겠다는 생각도 잠시 해봅니다. 새 옷도 사주고 떡볶이도 같이 먹고 머리도 묶어주는 주인아주머니 덕분에 영주는 기분이 너무 좋습니다. 가게에 있는 동안은 동생을 돌봐야 한다는 책임감도 잠시 잊습니다. 일찍 부모님을 여의고 가장의 역할을 한 영주는 부모님의 사랑이 그립습니다. 주위에선 어른이라고 하지만 아직 어른이 아닙니다. '사랑 총량 법칙'이라고 할까요? 영주는 그동안 못 받은 사랑을 누군가로부터 채워 넣어야 어른이 될지도 모릅니다. 영주는 이젠 아주머니가 자신을 버릴까 걱정을 하기도 합니다.

❸ 힘드셨죠?

집에 가는 길, 트럭 안에서 영주는 아저씨에게 말합니다.

"힘드셨죠?"

영주의 말은 '저희 부모님을 돌아가시게 한 죄책감에 힘드셨죠?'일까요? 아니면 '아픈 아들 보는 게 힘드셨죠?'일까요? 영주는 이젠 아저씨를 위로해주고 싶어졌습니다.

"아줌마가 저리 웃는 건 참 오랜만이다. 네가 가게에 와줘서 다행이다."

영주 덕분에 아저씨와 아주머니의 삶에도 활력이 생겼습니다. 영주는 아저씨가 부모님의 사고 후 많이 힘들어하는 걸 봤기 때문에 이젠 아저씨와 아주머니를 용서할 수 있습니다. 영주는 아주머니가 매어준 스카프의 냄새를 맡으며 집으로 향합니다. 그러다 잠시 자신의 집 쪽을 바라보며 머뭇거립니다.

'집에 가면 책임감 있는 누나가 되어야 하는데⋯⋯ 너무 힘들다. 우리 집에는 나를 사랑하고 보듬어줄 사람이 없잖아.'

한편 누나가 일하는 두부 가게 아저씨가 부모님을 죽게 한 사람이라는 것을 알게 된 영인은 누나에게 일을 그만두라고 합니다. 누나가 변한 것 같아서 영인은 마음에 안 듭니다. 엄마의 스웨터도 벗어버리고 새 옷을 입고 다니는 누나가 이상합니다.

"엄마 아빠한테 미안하지도 않냐? 우리 엄마 아빠 죽게 만든 사람이라고!"

"내가 왜 미안해야 하는데? 미안해야 하는 사람은 엄마 아빠 아니야? 그렇게 죽어버리면 다야? 왜 나를 힘들게 하는데? 엄마 아빠가 나에게 해준 게 뭔데? 그 사람들은 나에게 도움을 주고 있고 지금 우리에게 필요한 사람은 그 사람들이야!"

영인은 기가 막힙니다. 하지만 영주는 그동안 너무 힘이 들었습니다. 어린 나이에 가장이라는 책임을 짊어진 영주는 도망가고 싶을 정도로 힘이 들었나봅니다.

❖ 그 사람들은 알아?

"그 사람, 누나가 누구 딸인 줄 알아?"

영인은 지금 그 사람들에게 확인해보라고 합니다. 그 사실을 알아도 누나를 받아줄지 말입니다.

영주는 아저씨와 아주머니에게 사실을 말합니다.

"아저씨가 너무 원망스러웠어요. 복수하고 싶었고, 복수해도 된다고 생각했어요. 그래도 된다고 생각했어요. 그런데 그럴 수가 없었어요. 왜냐하면 제가 아줌마 아저씨를 많이 좋아해요. 그래서 모두 말씀드리고 싶었어요. 더 이상 거짓말하고 싶지 않아요."

이 말을 들은 주인아저씨와 아주머니는 무슨 생각을 했을까요? 가해자와 피해자가 한 방에 함께 있다는 것은 끔찍하기도 하고 피하고 싶은 상황입니다.

그리고 영주는 아주머니와 아저씨의 대화를 우연히 듣게 됩니다. 자신의 생각과는 다른 생각을 하고 있는 아저씨와 아주머니. 모든 것을 잃어버린 영주는 식물인간이 되어 누워있는 주인아저씨의 아들을 한참 바라보며 생각을 하는 듯합니다.

'너를 사랑하는 부모가 있어서 부러워.'

그리고 집을 나옵니다. 아무 생각 없이 집을 나와 걸어갑니다. 한강의 다리 위에서 강물을 한참 바라보며 잠시 이 세상을 등질까도 생각합니다. 하지만 영주는 죽기를 포기하고 내려옵니다. 소리 내어 오랫동안 울다가 어둠 끝에 보이는 빛을 향해 영주는 다시 일어나 걸어갑니다. 영주의 등 뒤로 서서히 떠오르는 아침의 빛은 영주와 함께 걸어갑니다. 아이와 어른 사이에서 점점 어른으로 성장하는 영주. 영주에게는 따뜻한 가정과 학교가 없었지만 잘못을 뉘우치는 어른의 따뜻함이 있었습니다. 그 따뜻함이 영주를 어른으로 만들어주었습니다.

살아남은 아이

감독: 신동석 | 개봉: 2018년 | 등급: 12세 관람가

자신의 아이가 친구를 구하려다 죽은 줄 아는 부모는 슬픔에 힘들어합니다. 그리고 살아남은 아이를 자신의 아이처럼 보듬으며 이 상황을 치유하려 합니다. 하지만 숨겨진 진실을 알게 되고 그 진실을 바로잡으려 하지만 남아있는 사람들은 거부합니다. 과연 부모는 어떤 선택을 해야 할까요? 진실을 밝힐 수 있을까요?

어느 가족

감독: 고레에다 히로카즈 | 개봉: 2018년 | 등급: 15세 관람가

여기 일반적이라고 생각하는 부모와 자녀의 관계가 아닌 가족이 있습니다. 이들은 제각각의 사정을 갖고 모여 가족을 이루었습니다. 마치 상처받은 사람들의 집합체 같네요. 하지만 이들에게는 가족의 따스함이 있습니다. '진정한 가족은 무엇일까?'라는 생각거리를 던져주는 영화입니다.

1
난이도 ★ 중등·도덕

누나 영주는 열심히 살아가는데 동생 영인은 계속 탈선을 일삼습니다. 영인은 왜 마음을 잡지 못하고 삐뚤어져만 갈까요? 영인의 입장이 되어 이야기해봅시다.

2
난이도 ★★ 중등·도덕

영인은 가해자의 집에서 아르바이트를 하며 함께 지내는 누나 영주의 행동을 보면서 엄마 아빠에게 미안하지도 않느냐고 누나에게 이야기합니다. 영주의 행동은 부모님에게 미안함을 느껴야 할 정도로 잘못된 것일까요? 영주의 행동에 대한 영인의 의견에 대해 토론해봅시다.

3
난이도 ★ 중등·국어

마지막 장면에서 영주는 소리 내어 한참을 웁니다. 그리고 일어나서 걸어갑니다. 영주는 앞으로 어떤 삶을 살며 살아갈까요? 영주의 미래를 상상해보며 뒷이야기를 써봅시다.

두부 가게 아저씨의 졸음운전으로 영주 부모님은 사망합니다. 업무상과
실치사로 보상금이 적다고 고모는 탄원서까지 제출했습니다. 부모님이
돌아가시고 미성년자인 자녀들이 앞으로 살아가기 위해서 어려운 점이
많을 텐데 보상 금액은 2,000만 원 이하입니다. 여러분은 이 판결에 대해
어떻게 생각하나요? 적절하다고 생각하는지 아니면 조정이 된다면 어떻
게 조정이 되어야 하는지 영주와 아저씨, 각각의 입장에서 변호해봅시다.

> **형법 제268조(업무상과실·중과실 치사상)**
>
> 업무상과실 또는 중대한 과실로 인하여 사람을 사상에 이르게 한 자는
> 5년 이하의 금고 또는 2,000만 원 이하의 벌금에 처한다.
>
> 업무상과실치사 사건에 업무라 하는 것은 앞으로 지속적으로 종사하
> 는 사무나 사업을 말하기에 그 업무 상태라면 범죄 요건에 부합합니다.

2부

세상에 감추어진
중요한 진실

논픽션 다이어리

살인의 의미

감독: 정윤석 | 개봉: 2014년 7월 | 등급: 15세 관람가

❦ ❦ ❦

　세상에는 수많은 사건과 사고들로 인명 피해가 생겨납니다. 갑자기 누군가 살해를 당하거나 감염병에 걸려 많은 사람이 죽거나 스스로 목숨을 끊는 사건 사고는 개별적인 문제일까요? 아니면 하나로 이어져 있는 문제일까요?

　많은 사람이 사건과 사고는 개별적인 문제이며 특정한 집단 또는 개인의 문제라고 생각하지만 이것들은 개별적인 것이 아니라 사회라는 구조 속에서 만들어진 문제라고 말하는 영화가 있습니다. 영화 〈논픽션 다이어리〉는 한국 최초의 연쇄살인 사건인 지존파 사건과 성수대교 붕괴 사고, 삼풍백화점 붕괴 사고를 병렬하여 하나의 덩어리로 제시합니다.

✵ 5명이 죽임을 당한 지존파 사건

1994년 9월 온 나라를 공포에 떨게 한 사건이 밝혀졌습니다. 한국 최초의 잔혹 연쇄살인 사건. 이 사건은 지존파 일당 7명이 5명을 연쇄살인한 것으로 '지존파 사건'이라고 불립니다.

한 여자가 경찰서로 와서 사람을 죽이고 시체를 태운 후 먹는 사람이 있다는 상상하지도 못할 이야기를 꺼냅니다. 그 당시 한국에서는 이런 살인이 일어난 적이 없었습니다. 그래서 경찰들은 여자의 말을 믿기 어려웠지만 자기도 살기 위해 범행에 가담했다는 말을 듣고 믿음이 생겼습니다.

조용한 영광의 시골 마을에 분홍색 양옥집이 있었습니다. 살인과는 거리가 멀어 보이는 이 집이 지존파 일당의 거주지였습니다.

전무후무한 지존파 사건이 세상에 알려지자 한국은 혼란에 휩싸였습니다. 방송에서는 이 사건을 분석하기 위해서 토론회를 진행하고, 학교에서는 윤리교육을 시행합니다.

TV 토론회에서 한 패널이 말합니다.

"나쁜 씨앗을 타고난 사람이 나쁜 환경을 만나면 이렇게 된다."

맞는 것 같습니다. 일반적인 사람이라면 이런 끔찍한 일을 벌일 수 없겠죠. 그런데 지존파 일당과 만난 경찰과 종교인, 교도소 관계자는 그들이 하나같이 순박하고 어리숙하다고 말합니다.

그러면 이렇게 순박한 지존파 일당들은 왜 무자비한 살인 사건을 저지른 것일까요? 이들은 압구정 오렌지족 같은 부자들을 증오해서 죽이기로 결심합니다. 그런데 이들은 부자들을 만나지도 못합니다. 그래서 가난하거나 평범한 사람들을 죽입니다. 10억을 모으기 위해 살인을 저질렀지만 삼선볶음밥 한 번 시켜 먹지 않았다고 합니다. 그 돈은 감옥에 있는 두목이 출소하면 드릴 거라서 쓸 생각도 하지 못했다고 합니다. 지존파 일당은 1994년 10월 사형이 확정되었고, 1995년 11월 사형이 집행되었습니다.

그런데 이들은 왜 부자들을 죽이려고 했을까요? 그리고 사람들은 왜 그 이유를 아무도 궁금해하지 않았을까요?

✪ 32명이 죽임을 당한 성수대교 붕괴 사고

1994년 10월 21일 오전 7시 성수대교 일부분이 무너지면서 32명이 사망했습니다. 성수대교 붕괴 원인은 안전점검 조치 소홀과 과적차량에 대한 무관심입니다. 이 사고로 한국의 부정부패와 안전불감증이 세계에 알려지면서 망신을 당했습니다. 대부분의 피해자가 학생들이어서 많은 사람이 애통해했습니다. 성수

1994년 10월 21일 오전 7시 성수대교 붕괴

대교 붕괴 사고와 관련 있는 서울시장은 경질*되었습니다.

뉴스에서 사고 소식을 들었을 때 믿기 어려웠습니다. 그리고 몇 년 후 TV 프로그램에서 성수대교 붕괴 사고로 죽은 학생의 가족들이 살아가는 모습을 보여주기도 했습니다. 시간이 많이 지났지만 가족들은 아직도 고등학생인 아들을, 오빠를 기억하면서 슬퍼하고 있었습니다. 이 슬픔은 누가 만든 걸까요? 그 죽음은 누구를 탓하고 원망해야 할까요? 많은 사람이 슬픔을 느낀 사고이지만 원망할 대상이 없습니다.

---

* 어떤 직위에 있는 사람을 다른 사람으로 바꿈

✪ 501명이 죽임을 당한 삼풍백화점 붕괴 사고

1995년 6월 29일 오후 5시 강남 한복판에 위치한 백화점이 무너졌습니다. 501명이 사망했고 6명이 실종되었으며 937명이 부상을 당한 삼풍백화점 붕괴 사고는 한국전쟁 이후 우리나라에서 가장 큰 인적피해라고 합니다.

삼풍백화점 붕괴의 직접적인 원인은 옥상의 물탱크였습니다. 물이 가득 찬 물탱크를 분해하지 않고 그대로 밀어서 옮긴 후 건물에 금이 가기 시작했답니다. 사람들이 불안해하자 이를 확인하기 위해 회의를 소집했는데, 그 회의에서 건물 관리 담당자가 건물에 아무 이상이 없다고 보고했습니다. 그 결과 초유의 인명피해 사고가 발생한 것입니다. 또한 사고 처리 과정에서도 어처구니없는 상황이 펼쳐집니다. 시신을 발굴하기 전에 쓰레기 매립지로 옮겨버린 것입니다.

이 사고와 관련된 삼풍그룹 회장 이준 및 백화점 관계자와 공무원 등 25명이 기소되었고, 이후 이준 회장은 해외봉사를 떠났다고 합니다. 500명이 넘는 사람이 목숨을 잃었는데 너무 허무한 결말입니다. 이준 회장은 사람을 죽인 책임이 아닌 감독을 하지 않은 책임만 짊어졌습니다. 사람을 죽인 것과 감독을 소홀히 한 것은 다른 층위의 문제입니다. 그래서 성수대교 붕괴 사고와 마찬가지로 삼풍백화점 붕괴 사고로 가족을 잃은 사람들은 원망할 대상이 없습니다. 법은 우리 가족을 죽인 사람을 살인자라고

1995년 6월 29일 오후 5시 삼풍백화점 붕괴

말하지 않기 때문입니다.

세 사건은 비슷한 시기에 일어난 사건 사고입니다. 모두 사람이 죽었습니다. 지존파 사건으로 5명, 성수대교 붕괴 사고로 32명, 삼풍백화점 붕괴 사고로 501명. 이 세 사건을 모두 지켜본 사람이 있습니다. 지존파 일당을 검거한 고병천 형사와 김형태 형사는 이 세 사건의 공통점을 다음과 같이 말합니다.

> "지존파나 삼풍백화점을 운영하는 사람이나 다른 것이 없다. 지존파
> 는 10억을 벌겠다, 백화점을 운영하는 사람은 1조를 벌겠다는 나름의
> 목적이 있었다."   – 영화의 인터뷰 장면 중에서

한국전쟁부터 지금까지 우리는 여전히 격변기를 살고 있습니다. 다른 나라에 비해 짧은 시간에 겪은 사회의 변화가 매우 큽니다. 그래서 한국은 '격변하는 나라'의 대명사가 되었습니다. 1960년대가 생존을 위해 몸부림치던 시대라면 1970년대는 빈곤에서 벗어나기 위해 열심히 일했던 시대입니다. 1980년대는 민주주의를 찾기 위해 목숨을 바쳐 싸우던, 누구나 열사가 되었던 시대였죠. 1980년대가 공동체와 연대를 중요시했던 시대라면 1990년대는 개인의 가치를 더 중요하게 여긴 시대였습니다. 우리나라는 산업화와 민주화 운동으로 경제적 사회적 안정을 찾은 듯해 보였지만 사회구성원 간의 격차는 더욱 벌어졌습니다. 이러한 격차로 인해 사람들은 상대적 박탈감을 느끼게 되고 이는 허탈함이라는 감정으로 이어졌습니다. 그래서 1990년대는 많은 사람이 허탈함을 느끼는 시대였습니다. 요약하자면 1980년대까지는 모두가 함께 투쟁하고 싸웠다면 1990년대는 '함께'가 아닌 '개인'이고, 그에 따른 소외가 생겨난 것이지요.

지존파 사건은 이러한 소외로 만들어진 사건입니다. 1960년대 중반 국가는 공업화를 위해 저곡가정책*을 펼칩니다. 이미 다른 지역의 청년들은 공장에서 일하면서 삶을 가꾸어나갔지만 전라도 청년들은 일할 공장이 없었어요. 게다가 농사를 지으면서

---

* 1960년대 중반 이후 공업을 장려하기 위해 정부는 수입농산물을 개방했는데, 그로 인해 농산물 가격이 폭락합니다. 농민들은 자연스럽게 농촌을 떠나 도시의 공장에서 일하게 됩니다. 우리 사회는 이렇게 값싼 노동력을 확보해서 공업을 더욱 활성화시켜 수출을 늘립니다.

살아가기는 더욱 어려워졌습니다. 영화에 등장하는 교도소장은 지존파 사건의 원인을 이러한 우리 사회의 시대적 배경에서 원인을 찾아 "전라도 애들은 갈 곳이 없어서 내면의 사회에 대한 불신과 분노가 팽배하다가 어떤 사건이 접촉되면 폭발하는"것 이라고 말합니다.

"나쁜 씨앗을 타고난 사람이 나쁜 환경을 만나면 이렇게 된다."

"우리나라 사람들이 폭력을 그럴듯하게 정당화한다. 학생운동부터 시작해서 너무 폭력을 우상화한다."

"경찰의 제복을 벗기고 포로 다루듯이 끌려다녔던 모습을 보면서 우리나라가 민주주의를 하겠다는 의지가 있는 것인가. 외국의 경우 경찰복이 패션이다. 전투경찰도 거지꼴같이 해서 세워놓았다. 당당하게 경찰을 세워야 법의 권위가 선다. 경찰은 법과 질서의 권위이다. 상징이다."

"국가권력에 대한 도전에 대해서는 무기를 사용해서라도 국가권력을 세워야 할 것이 아닌가?"

– 영화 속 TV 토론회 장면 중에서

영화 속 TV 토론회에 등장한 패널들은 국가의 권위가 약해서, 국가가 폭력적이지 않아서, 나쁜 씨앗이 문제를 일으켰다고 말합니다. 이들은 지존파 사건이 왜 일어났는지, 이들이 왜 분노했는지에 대해서는 관심을 갖지 않습니다. 하지만 더 많은 사람이 죽은 성수대교 붕괴 사고와 삼풍백화점 붕괴 사고를 일으킨 사람들에게는 침묵합니다.

지존파 사건, 성수대교 붕괴 사고, 삼풍백화점 붕괴 사고는 모두 돈을 벌겠다는 목적으로 벌어진 일입니다. 이들은 모두 돈을 벌기 위해 사람을 죽이거나 사람이 죽을 수 있는 원인을 제공했습니다. 지존파 일당은 사형을 선고받고 1년 후 형이 집행되어 죽음으로 죄를 갚습니다. 그리고 삼풍백화점 붕괴 원인 책임자는 해외봉사 활동을 하면서 생활합니다. 지존파 사건이 일어난 후 전국의 학교에서 윤리교육을 실시했지만, 더 많은 사람이 죽은 사건에 대해서는 그 어떤 가르침을 주지 않았습니다.

> "살인이라고 하는 것, 눈앞에서 사람을 죽이는 것은 전통적인 의미에서 살인이고, 그것에 공분을 가장 크게 느낄 수 있다. 삼풍이나 성수대교 관리를 태만하게 해서 그걸로 인해 수많은 사람을 죽게 했다는 것에 대한 책임은 훨씬 더 큰 것이다. IMF 때 죽은 사람이 굉장히 많다. 지존파가 몇 명 죽인 것보다는 사회적 악이 훨씬 큰 것이다."
>
> "한쪽은 형법상의 살인이라는 명칭으로 사람의 생명을 박탈했지만 다른 사람은 업무상과실치사라는 명칭으로 사람의 생명을 박탈했다. 직접적 방법으로 살해를 한 것과 간접적 방법으로 살해를 한 것은 내용상으로 차이가 없다."
>
> – 영화 속 인터뷰 장면 중에서

인천 초등학생 살인 사건, 세월호 사건 등 믿기 힘든 사건이 여전히 일어나고 있습니다. 왜 이런 사건들이 반복되어 나타나는 걸까요? 영화가 나열한 세 사건에 이어 최근에 일어난 끔찍한 사건들은 원인과 결과에 대해 다양하게 논의가 이루어지지 않았다는 공통점이 있습니다.

지존파 사건, 성수대교 붕괴 사고, 삼풍백화점 붕괴 사고는 윤리적인 측면에서 비판과 평가를 받지 못했습니다. 지존파 사건은 개인에 대한 비난만 있었고, 성수대교와 삼풍백화점 붕괴 사고는 업무상과실치사라는 법률 용어로 인해 비난할 대상조차 없었습니다. 그래서 우리 사회가 가진 문제점에 대해 성찰하지 못했습니다.

불평등한 사회구조와 공동체에 대한 성찰이 없는 우리 사회의 태도는 비슷한 사건 사고를 재생산할 수밖에 없습니다. 그래서 우리 사회에서는 지존파, 성수대교, 삼풍백화점 사건이 이름만 달리한 채 반복해서 일어나고 있습니다.

개인이 일으킨 문제라고 하더라도 그 사건의 원인에는 사회가 미친 영향이 있습니다. 개인은 공동체에 속한 존재이며, 개인과 사회는 긴밀하게 이어져 있기 때문입니다. 그래서 우리는 개인에게 일어난 문제를 통해 사회의 문제를 발견하고 이를 방지하기 위한 방법을 함께 모색해야 합니다.

자본주의 러브스토리

감독: 마이클 무어 | 개봉: 2003년 | 등급: 15세 관람가

미국이 자신의 국가 체제를 기업화시키면서 만들어진 문제를 보여줍니다. '모든 것을 가진 사람'과 '아무것도 가진 것이 없는 사람'으로 나뉘는 심각한 양극화 현상의 원인은 무엇일까요? 소수의 부유한 사람을 위한 국가, 노동자를 범죄자 취급하는 국가, 노동자가 몰락한 미국의 모습을 보면서 우리 사회가 떠오릅니다. 영화는 자본주의라는 그럴듯한 이름에 감추어진 윤리적인 문제들, 국가가 추구해야 할 가치와 모델은 무엇인지에 대해 생각할 질문을 던집니다.

우리가 꿈꾸는 기적 : 인빅터스

감독: 클린트 이스트우드 | 개봉: 2010년 | 등급: 전체 관람가

최초 흑인 대통령인 남아공 넬슨 만델라에 대한 영화로, 도로를 사이에 두고 흑인 학교와 백인 학교가 마주하고 있는 첫 장면을 통해 백인과 흑인의 갈등을 다룬다는 영화의 주제가 선명하게 드러납니다. 분열을 통합으로 바꾸는 힘을 보여주는 이 영화는 우리에게도 시사점을 남깁니다.

1 난이도 ★★★★★ 중등 사회

지존파 일당은 압구정 오렌지족과 자신들을 비교하며 상대적 박탈감을 느낍니다. 우리 사회에서 나타나는 상대적 박탈감과 자신이 겪은 상대적 박탈감을 이야기해봅시다.

2 난이도 ★★★★★ 중등 사회

지존파 사건, 성수대교와 삼풍백화점 붕괴 사고는 사람의 욕망에 의해 타인의 목숨을 앗아간 사건입니다. 이 세 사건은 방식은 다르지만 무고한 사람이 목숨을 잃었다는 공통점이 있습니다. 그러나 법은 이 세 사건을 다르게 보고 있습니다. 그래서 지존파 일당에 대해서는 전원 사형이 집행되었고, 성수대교와 삼풍백화점 책임자는 업무상과실치사라는 명칭으로 가벼운 실형을 선고받았습니다. 살인과 업무상과실치사라는 법원의 판결에 대해 어떻게 생각하는지 토의해봅시다.

3 난이도 ★★★ 중등 사회

우리 사회는 급속한 경제 성장을 이루었지만 동시에 사회구성원들의 상대적 박탈감 또한 생겨났습니다. 이는 우울증, 분노, 자살, 혐오와 같은 사회 문제로 이어지고 있습니다. 1990년대에는 '청소년들로 하여금 의연한

국가관을 갖고 충성과 효도를 할 수 있는 인성을 길러주어야 한다.'는 목적으로 범국가적인 윤리교육을 시행했습니다. 이러한 교육부와 정부의 태도에 대해 어떻게 생각하는지 토의해봅시다.

4
난이도 ★★★★★ 중등 도덕

영화에서는 TV 토론회를 통해 지존파 사건의 원인을 상반된 입장으로 분석하고 있습니다. 이 입장 중 무엇을 더 고려해야 하는지 생각해보고 토론해봅시다.

> * 사회적 문제: 공업화와 산업화 문제로 인한 농촌 청년들의 소외 현상이다.
> * 인간 본성의 문제: 나쁜 씨앗을 타고난 사람이 나쁜 환경을 만나면 살인을 저지른다.

5
난이도 ★★★★★ 중등 사회

1988년 교도소 이감 중 도망쳐 서울에서 인질극을 벌였던 탈주범 지강헌은 '유전무죄, 무전유죄'라는 유명한 말을 남겼습니다. '유전무죄, 무전유죄'의 뜻을 알아보고 지존파 사건, 삼풍백화점과 성수대교 붕괴 사고의 재판 결과에 대해 논술해봅시다.

괴물
찬란하게 빛나는 한강의 기적

감독: 봉준호 | 개봉: 2006년 7월 | 등급: 12세 관람가

❧ ❧ ❧

　'한강의 기적'은 우리나라의 눈부신 성장과 발전을 나타내는
상징적인 표현입니다. 우리나라는 일제강점기에서 벗어나자마
자 국토를 초토화시킨 전쟁을 겪어야 했기에 국제적 원조 없
이 가난을 벗어나기는 역부족이었습니다. 그래서 미국을 비롯한
다른 나라에게 원조를 받아야 할 정도로 경제가 어려웠습니다.
1950년대 이후 사람들은 나라가 성장하면 빈곤에서 벗어날 수
있을 것이라고 생각했습니다. 그래서 너나 할 것 없이 도시로, 산
업현장으로 뛰어들었습니다.

노동자들의 피땀으로 경제가 성장하면서 나라의 살림이 나아졌습니다. 이처럼 한강의 기적을 일으킨 주역은 노동력을 제공한 국민들입니다. 국민에 의해 국가는 성장했고, 그런 국민을 보호하는 것이 국가의 가장 중요한 의무입니다. 그런데 우리나라는 고도성장을 위해 국민 보호라는 국가의 가장 중요한 역할을 이행하지 않았습니다. 그래서 노동자의 피땀은 지워지지 않는 얼룩이 되어 현대사회에 남습니다. 사회비판적 시각을 영화에 담아내는 봉준호 감독의 세 번째 영화 〈괴물〉은 한국의 눈부신 성과이자 그림자인 한강, 그곳에 괴물이 등장하는 이야기입니다.

⦿ 한강의 그림자

영화의 프롤로그는 세 장면으로 이어집니다. 첫 번째 장면은 미8군 기지의 영안실에서 포름알데히드를 한강과 이어지는 하수구에 버리는 장면입니다. 실제로 이 장면은 2000년에 일어난 주한미군의 독극물 방류 사건(일명 맥팔랜드 사건)을 재현하고 있습니다. 두 번째는 2002년 잠실대교 주변에서 낚시를 하던 사람이 작은 돌연변이를 발견하는 장면이고, 세 번째는 2006년 한강대교에서 자살하는 사람이 물속에 있는 커다랗고 시커먼 뭔가를 보는 장면입니다. 이 세 장면은 괴물의 태생과 성장을 보여줍니다.

　맥팔랜드 사건*은 미국에 대한 우리나라의 태도를 여실히 보여줍니다. 미국은 한국에서 불법을 저지르는 일에 아무런 죄책감이 없습니다. 한국인을 무시하는 모습에서 그들의 오만함을 볼 수 있습니다. 이것은 한국 정부의 무능함을 보여주는 것이기도 합니다.

　괴물은 미국과 한국과의 불평등한 관계 속에서 만들어진 것입니다. 강가에서 괴물을 보고 지나친 것은 사람들이 위험에 대해 무감각하고 무관심하다는 것을 보여줍니다. 특히 미군과 관련된 문제는 정부와 시민이 소극적인 자세로 대응했습니다. 즉 괴물은 미국의 무례함과 한국의 무능함으로 만들어졌고, 사람들의 무관심이 괴물을 키웠습니다. 그리고 마지막 프롤로그 장면은 한국이 자살률 1위라는 오명을 보여주는 것이기도 합니다. 한국 사회의 불평등 문제는 많은 사람의 희망을 빼앗고, 결국 죽음으로 내몰았습니다. 봉준호 감독은 이런 복합적인 한국 사회의 문제

---

* (전략) 방류는 영안실의 부책임자였던 앨버트 맥팔랜드의 지시에 의해 이뤄졌다. 영화에서는 한국인 군무원에게 점잖게 방류를 지시하지만 실제는 그렇지 않았다. 당시 제보자의 진술서에 따르면 맥팔랜드는 제보자가 방류를 거부하자 "내가 시키는 대로 하란 말이야. 너 바보 아니냐?(Do what the fuck I tell you, are you stupid?)"고 욕설을 퍼부으며 하수구에 버릴 것을 명령했다. (중략) 우여곡절 끝에 사건 발생 수개월 만에 이 사실은 세상에 알려졌지만 정작 웃지 못할 상황은 그 뒤 무려 5년이 넘게 계속됐다. 미군은 계속 조사 뒤 후속조치를 하겠다며 머뭇거리다 비판 여론이 거세지자 무려 열흘 뒤에야 주한미군 사령관 명의로 사과 성명을 냈다. 그러나 맥팔랜드는 고작 45일간의 감봉 처분을 받은 후 계속 미군 영안실에 근무한 것은 물론 심지어 승진까지 했다 (후략)
- 출처 : 〈프레시안〉(2006.07.31), 〈괴물〉 탄생시킨 '맥팔랜드 사건'은 이랬다.'

를 프롤로그에 담아냅니다. 미국의 태도, 한국 정부의 무능, 시민의 무관심, 삶을 포기한 개인은 우리 사회의 그림자와 같습니다.

❂ 무능한 정부, 순종하는 시민

영화 〈괴물〉의 주인공인 현서 가족 또한 고도성장을 이룩한 국가의 그림자라고 볼 수 있습니다. 현서의 할아버지인 희봉은 가족을 책임지는 실질적인 가장입니다. 큰아들 강두는 변변한 생활 능력 없이 아버지의 한강 매점 일을 도우며 지냅니다. 둘째 남일도 대학 시절 학생운동을 한 이력 때문에 백수의 생활에서 벗어나지 못합니다. 막내딸 남주는 수원시청 양궁 대표 선수이지만 항상 타임오버로 금메달을 따지 못합니다.

현서의 가족은 모두 결함을 가지고 있습니다. 희봉은 1970년대를 대표하는 새마을운동이 일어난 시대를 상징하는 인물로, 국가성장의 밑거름이 된 세대입니다. 그리고 투쟁과 희생으로 민주화 시대를 열었던 1980년대 대학생들을 대변하는 남일은 자본주의에서 실패의 상징인 만년 백수가 되어 사회의 얼룩처럼 남아있습니다. 희봉과 강두, 남일, 남주 모두 역사 속에서 국가를 위해 살아왔지만 이들은 대한민국의 자랑스러운 국민이 아닌 불우한 이웃으로 남겨졌습니다.

하지만 이들은 국가와 사회에 매우 순종적입니다. 자신의 삶

눈앞에서
내 딸을 잃었다.

을 그대로 받아들이며 남을 원망하지 않습니다. 그런데 현서가
위험에 빠지면서 희봉 가족은 달라집니다.

한강에 나타난 괴물은 여러 사람을 죽입니다. 강두는 괴물을
피해 필사적으로 달아나다 딸 현서를 잃어버리고, 현서는 괴물
에게 잡혀갑니다. 미국과 정부가 만들어놓은 괴물에 의해 현서
가족과 국민들은 생명을 빼앗기거나 위협을 당합니다. 그런데 정
부는 현서 가족을 바이러스 보균자로 낙인 찍고 괴생물체의 바이
러스로부터 국민을 보호한다는 명목으로 병원에 가둡니다. 언론
은 이 사회에서 위험한 존재는 괴물이 아닌 현서 가족이라고 판단
합니다. 그들은 진짜 위험인 괴물은 뒤로 감추고, 현서 가족을 위

험인물이자 공공의 적으로, WHO를 구원자로, 이를 막는 시민단체는 부정적으로 전달합니다.

남일은 현서의 위치를 추적하기 위해서 통신회사에 다니는 선배를 찾습니다. 남일과 함께 학생운동을 했던 그는 현서 가족에게 붙은 현상금이 탐나서 남일을 경찰에 팔아넘깁니다. 남일의 선배는 과거 자본주의에 저항했지만 시간이 흘러 자본주의사회의 순종적인 시민으로 변한 인물을 나타냅니다.

⊛ 그림자 밖으로 나온 시민

죽은 줄로만 알았던 현서에게서 문자를 받은 후 현서 가족은 더이상 정부의 권력이 두렵지 않습니다. 그들은 정부의 감시에서 벗어나서 한강으로 달려갑니다.

영화는 현서 가족을 모자라고 부족한 인물로 그립니다. 또한 그들을 도와주는 인물도 실패를 연상하는 노숙자로 설정했습니다. 그런데 현서를 찾아가는 과정에서 그들은 모자라고 실패한 인물이라는 이미지가 지워집니다. 현서는 자신의 목숨을 던져 괴물에게 잡혀온 세주의 목숨을 구합니다. 거대한 괴물에 맞서는 사람은 정부도, 언론도 아닌 시민들입니다.

미국과 WHO는 한국이 괴물의 바이러스를 관리할 능력이 없다고 판단합니다. 그리고 자신들의 감독하에 '옐로우 에이전트'

를 사용하겠다고 합니다. 정부와 언론은 바이러스의 위험성만 알릴 뿐 안정성이 보장되지 않은 약품인 옐로우 에이전트의 위험성을 알리지 않습니다. 이에 분노한 사람들은 WHO에 반대하는 시위를 하지만 정부는 검증조차 하지 않고 WHO의 의견을 수용하여 이미 쓰러진 괴물에 옐로우 에이전트를 살포합니다. 괴물은 옐로우 에이전트와 남일의 최루탄을 뒤집어쓰고, 남주의 화살에 꽂히고, 강두의 쇠파이프에 맞고 쓰러집니다.

영화의 첫 장면과 마지막 장면의 구도는 비슷합니다. 한강의 작은 컨테이너에서 강두와 아이가 식사를 하고 있습니다. 첫 장면에는 강두와 현서가, 마지막 장면에는 강두와 세주가 있습니다. 그리고 계절도 여름에서 추운 겨울로 바뀌었습니다. 늘어진 운동복을 입고 꾸벅꾸벅 졸던 강두는 이제 눈을 부릅뜨고 총을 쥐고 있습니다. 뉴스에서는 여전히 괴물에 관한 이야기가 들려옵니다. 하지만 강두는 텔레비전을 뒤로 하고 서슬 퍼런 눈빛으로 주변을 둘러볼 뿐입니다. 괴물 사건을 통해 강두는 정부를 신뢰하지 않게 되었습니다.

영화가 개봉한 지 15년이 흘렀습니다. 그런데 정부와 언론의 모습은 크게 달라지지 않았습니다. 여전히 우리 사회에는 불합리한 사건이 일어나고 있고, 확인되지 않은 일들이 사실처럼 전달되고 있습니다. 최근 우리는 정부와 언론 그리고 권력 구조가 변화하길 바라고 있습니다. 그래서 촛불과 태극기를 들고 광장에 모였습니다. 하지만 누군가는 이런 일에 관심조차 보이지 않고 자신의 삶을 살아가기도 합니다. 영화는 우리에게 부조리한 사회를 보여주고 그 부조리함을 대하는 사람들의 태도에 대해 생각하게 합니다.

트래쉬

감독: 스티븐 달드리 | 개봉: 2014년 | 등급: 15세 관람가

거대한 쓰레기장에서 일하는 소년들이 우연히 지갑을 발견하면서 펼쳐지는 모험을 그린 영화입니다. 지갑을 찾으려는 산토스의 추격, 목숨을 지키고 지갑을 구하려고 고군분투하는 아이들의 모습이 흥미진진합니다. 지갑의 비밀을 밝히는 과정에서 권력의 추악함을 마주하면서 아이들은 옳은 일을 하기로 합니다. 위기를 겪으며 세 소년의 변화하는 모습을 지켜보는 재미가 있는 영화입니다.

또 하나의 약속

감독: 김태윤 | 개봉: 2014년 | 등급: 12세 관람가

반도체 회사에 다니는 사람들이 백혈병으로 죽어간 실화를 바탕으로 만든 영화입니다. 우리나라 1위 기업인 반도체 회사에 취업한 미선은 입사한 지 20개월 만에 백혈병으로 죽습니다. 미선뿐만 아니라 많은 직원이 희귀병에 걸려 죽었지만 회사는 책임을 회피하기 위해 사실을 감춥니다. 영화는 거대 기업을 향해 개인이 투쟁하는 것이 얼마나 힘든 것인지를 보여줍니다.

1

난이도 ★★★★★ 중등·사회

2000년 맥팔랜드 사건과 2002년 여중생 장갑차 사건이 영화 〈괴물〉의 배경입니다. 아래의 판결 결과를 보고 결과가 왜 이렇게 나올 수밖에 없는지 토의해봅시다.

- 2000년 5월 15일, 맥팔랜드 사건은 당시 집행자의 진술을 통해 미 8군 34사령부에 보고. '물에 희석하면 아무런 문제가 없다.'라는 결론이 내려졌다.
- 2000년 7월, 녹색연합은 당시 토머스 슈워츠 주한미군 사령관과 맥팔랜드 부소장을 서울지검에 고발했다.
- 2001년 3월, 대한민국 사법부는 이들에 대한 기소를 미루다가 서울지검이 포름알데히드 무단방류를 지시한 혐의로 맥팔랜드를 벌금 500만 원에 약식기소했다.
- 2001년 4월, 서울지방법원이 정식재판에 회부했다.
- 담당 재판부는 공소장 부본을 맥팔랜드에게 송달하려 했으나 주한미군 당국은 '미군이 공무 중 발생한 사건에 대해서는 한국 측의 형사재판권을 인정할 수 없다.'는 한미 주둔군지위협정(SOFA) 규정을 주장하며 수차례 수령을 거부했고, 이에 공판도 열리지 못했다.
- 2003년 12월, 하지만 한국 정부는 죄질의 심각성을 고려할 때 형사재판권은 한국 측에 있다면서 당사자의 출석이 없는 궐석재판을 진

행했다. 그 결과 맥팔랜드에게 징역 6개월의 실형이 선고되어 미군 부대 소속 미 국적 민간인에 대한 한국법원의 형사재판권이 인정된 첫 사건이 되었다.

- 2005년 1월, 결국 항소심에 출석한 맥팔랜드는 징역 6개월, 집행유예 2년을 선고받았다.

- 출처 : 시사상식사전, pmg 지식엔진연구소

2

인류는 공동의 번영을 위해 상호 협력 및 상호의존합니다. WHO는 이러한 협력을 위한 기구 중 하나입니다. 영화에 등장하는 WHO는 탈출 보균자와 바이러스 숙주인 괴생명체가 잡히지 않자 한국에서 자체적으로 이 문제를 해결할 수 없다고 여기고 직접 개입하기로 결정합니다. 시민들은 안정성 논란의 이유로 시위를 하지만 미국과 WHO는 '옐로우 에이전트'를 살포하기로 결정합니다. 여러분은 이와 같은 결정에 대해 어떻게 생각하는지 토론해봅시다.

이번에 한강 지역에 투입이 결정된 옐로우 에이전트는 신종 바이러스의 위험이나 세균 테러에 대항하기 위해서 미국이 최근 개발한 첨단 화학약품이자 살포 시스템을 말하는 것입니다. 일단 바이러스 오염 구역에서 막강한 위력의 시스템이 작동하게 되면 반경 수십 킬로미터 내에 세균학적 위험 요소가 완벽히 궤멸되는 것으로 알려져 있습니다.

- 영화 〈괴물〉 중에서

한국언론진흥재단에서 2018년 11월에 현직 기자들을 심층 인터뷰해 한국 언론의 낮은 신뢰도 원인을 찾아보았습니다. 인터뷰 결과 언론의 가장 큰 문제는 '오보'였습니다. 그리고 오보의 발생 원인을 다음과 같이 설명했습니다. 다음의 글을 살펴보고, 오보를 막기 위한 방법에 대해 토의해봅시다.

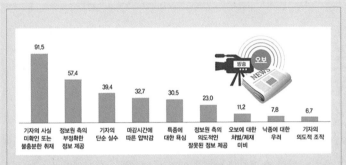

▲ 〈한국의 언론인 2017〉에 삽입된 오보의 발생 원인 그래프. '기자의 사실 미확인 또는 불충분한 취재'라고 응답한 기자가 91.5퍼센트로 가장 많았고, 오보에 대해 '처벌/제재 미비'라는 응답도 11.2퍼센트에 이르렀다. ⓒ 한국언론진흥재단

– 출처: 오마이뉴스(2020.01.22), '우린 왜 오보를 쓰게 됐나, 기자 22명의 고백'

4

병원에 격리된 현서 가족은 현서가 아직 살아있다고 믿습니다. 그들은 주변 사람들에게 현서를 찾아달라고 도움을 청하지만 아무도 자신들의 말을 믿어주지 않습니다. 그리고 정부는 바이러스 보균 여부와 그에 대한 위험성을 대비하기 위해 통제만 합니다. 결국 현서 가족은 병원을 탈출하여 직접 현서를 찾아 나섭니다. 정부와 현서 가족의 행동에 대해 어떻게 생각하는지 토의해봅시다.

5

우리 사회에는 환경에 관련된 다양한 사회문제가 있습니다. 내가 생각하는 가장 심각한 우리나라의 환경문제를 찾아보고 이를 해결하기 위해서 필요한 것이 무엇인지 주장하는 글을 써봅시다.

4대강 녹조, 쓰레기 문제, 미세먼지 등

기생충

유령이 된 한 지붕 세 가족

감독: 봉준호 | 개봉: 2019년 5월 | 등급: 15세 관람가

❦ ❦ ❦

2020년 2월, 할리우드에서 한국영화가 전 세계적으로 인정받은 기념비적인 사건이 일어납니다. 아카데미영화제는 칸영화제, 베를린국제영화제와 함께 가장 권위 있는 세계 3대 영화제입니다. 봉준호 감독은 제3세계 국가에 인색하다고 평가받는 아카데미시상식에서 영화 〈기생충〉으로 4관왕을 차지합니다. 〈기생충〉은 아카데미영화제뿐만 아니라 72회 칸영화제 황금종려상 등 세계 각국의 권위 있는 영화제에서 다수의 상을 받았습니다.

봉준호 감독의 작품에는 한국 사회의 불평등, 국가와 권력의 문제, 소시민들의 삶이 담겨있습니다. 영화 〈기생충〉도 우리 사회의 문제를 사실적으로 재현했고 이에 대해 많은 관객이 공감했습니다. 그런데 왜 한국의 문제를 담아낸 영화가 세계적인 주목을 받게 된 것일까요? 그것은 봉준호 감독이 직시한 문제가 비단 한국만의 문제가 아니며 극자본주의사회 구조를 갖춘 국가 모두의 문제이기 때문입니다.

봉준호 감독은 '봉테일'이라는 별명에 걸맞게 작품에서 완벽한 디테일을 살립니다. 그의 영화에는 장면을 보여주는 컷, 인물들의 행동, 소품 등에도 수많은 의미가 담겨있습니다. 누군가는 '공기까지 의도가 있다.'라고 말할 정도로 의미가 가득 차 있습니다. 봉준호 감독이 만든 작품의 특징은 예술적이며 복잡하고 심오한 주제를 다루지만 대중성 또한 놓치지 않는다는 것입니다. 그래서 〈기생충〉은 전문적인 비평가 집단부터 철학자, 일반 관객까지 수많은 사람이 분석을 시도한다는 이례적인 현상을 낳았습니다. 관객들은 영화를 감상하는 것에 그치지 않고 스토리와 미장센을 해부하면서 의미를 만들어냈습니다. 그 결과 영화는 작품과 해석이 결합하면서 더 풍부한 생각거리를 만들어냅니다.

⊛한 지붕 두 가족

대학입시를 준비하는 4수생 기우는 명문대에 다니는 친구 민혁에게서 고액과외 자리를 소개받습니다. 과외를 하기 위해서는 학벌을 위조해야 하지만 '내년에 이 대학에 꼭 갈 것'이기 때문에 양심의 가책을 느끼지 않습니다. 가족구성원 모두가 백수인 기우네는 피자 가게의 박스 접기 아르바이트가 소득의 전부입니다. 생활고에 시달리는 가족에게 양심은 중요하지 않습니다. 기우의 아버지 기택은 아들이 돈을 벌기 위해 범죄행위를 저지르는 것을 오히려 자랑스럽게 여깁니다.

기우가 시작한 고액과외는 글로벌 IT기업을 운영하는 박 사장의 딸 다혜에게 영어를 가르치는 것입니다. 그런데 기우가 느끼기에 박 사장 내외의 관심은 온통 다혜의 남동생 다송에게 쏠려있습니다. 그 까닭은 하나밖에 없는 아들이 충격을 받아 정신적인 문제를 안고 있기 때문입니다. 이 사정을 들은 기우는 미대 입시에 실패해 백수로 지내는 동생 기정을 유명한 미술치료사로 속여 다혜의 엄마 연교에게 소개합니다.

여기서 그치지 않고 기우와 기정은 또 다른 계획을 세웁니다. 박 사장 집에서 일하던 운전기사와 가정부에게 억울한 누명을 씌워 내쫓고 그 자리에 아빠와 엄마를 채웁니다. 그래서 기우의 아빠 기택은 박 사장의 운전기사가 되고, 엄마 충숙은 가정부가 되어 한 지붕 아래에 두 가족이 살게 됩니다.

✪ 지상으로 향하는 길

기우네는 통신비가 없어 남의 집 와이파이를 훔쳐 쓸 정도로 생활이 어렵습니다. 그런데 멀쩡한 네 가족 모두 실업자입니다. 아빠 기택은 한때 유행했던 대왕카스텔라 사업에 뛰어들었다가 실패하여 일어나지 못합니다. 그리고 기우와 기정 또한 건강한 신체를 가진 청년임에도 별다른 소득 활동을 하지 않습니다. 기우와 기정은 청년이 아닌 입시생이라는 명분이 있기 때문에 경제활동을 하지 않는 것이 문제가 되지 않습니다.

이는 우리나라의 전형적인 학벌 중심 사회와 청년실업 문제의 단면을 보여줍니다. 기우와 기정은 오로지 명문대 진학만을 목적으로 사는 입시생이지만 대학에 진학하기 위해 어떤 노력도 하지 않습니다. 그런데 이들의 부모인 기택 내외는 어려운 형편임에도 자식들이 입시를 준비하는 것에 불만이 없습니다. 쉽게 말해 이들은 입시생을 가장한 백수입니다. 왜 이렇게 대학에만 목을 매고 있을까요?

우리나라는 대학 진학률이 80퍼센트에 가깝습니다. 전 세계에서도 보기 힘든 수치의 대학 진학률은 한국 사회가 견고한 학벌 중심 사회라는 것을 보여줍니다. 그래서 기택 내외는 자식들이 입시를 준비하는 것을 수용합니다. 그리고 학벌이 주는 위력을 증명하듯이 기우는 위조한 재학증명서로 신뢰를 얻어 박 사장 집에 무사히 진입할 수 있었고, 기정 또한 기우가 허위로 만들어놓은 신뢰를 바탕으로 박 사장 집에 쉽게 정착합니다. 박 사장 내외는 기정을 일리노이드주립대학 응용미술학과 출신이라고 소개받았지만 재학증명서도, 유창한 영어도 확인하지 않습니다.

한국 사회에서는 학벌만 좋으면 무엇이든지 할 수 있습니다. 이는 한국 사회에서 대학을 가지 못하면 무능력하고 실패할 것 이라는 인식을 양산합니다. 그래서 사람들은 집안 형편, 진로, 개 인의 능력과 관계없이 마치 두 눈을 가린 경주마처럼 모두 대학 에 진학하려고 합니다.

⊛ 한 지붕 세 가족

이처럼 기택의 가족은 박 사장의 집에 진입하면서 지상의 삶 을 맛봅니다. 기택의 가족이 본 지상의 세계는 유명한 건축가가 지은 박 사장의 거대한 저택입니다. 천국으로 향하는 길처럼 가 파른 오르막길을 올라야만 다다를 수 있는 이 저택은 천국과도 같은 지상의 삶을 보여줍니다. 지상의 삶은 바퀴벌레, 꼽등이와 의 사투를 벌이지 않아도 되고, 반지하에서 나는 습하고 퀴퀴한 냄새도 나지 않으며 폭우에도 안전합니다. 그래서 기택 가족은 지상의 세계에 욕심이 납니다.

박 사장 가족이 캠핑을 떠난 후 기택 가족은 저택을 맘껏 누 비며 즐깁니다. 정원에서 햇볕을 받으며 책을 읽고 비싼 양주도

유령이 된 한 지붕 세 가족 〈기생충〉

마음껏 마십니다. 그런데 갑자기 기정의 계략으로 쫓겨난 가정부 문광이 찾아와 잠깐만 집에 들어갈 수 있도록 해달라고 부탁합니다. 집 안으로 들어온 그녀는 다급한 발걸음으로 지하 방공호에 들어갑니다. 지하 방공호에는 문광의 남편 근세가 살고 있었습니다. 문광은 남편의 사업이 실패하고 파산을 하자 사채업자로부터 몸을 숨기기 위해 박 사장 집 방공호에 근세를 살게 한 것입니다. 문광은 충숙에게 자신의 남편이 있다는 것을 눈감아 달라고 사정합니다. 하지만 충숙은 문광과 근세를 신고하려 하고 이런 충숙을 제지하던 중 문광에게 가족 네 명의 관계가 발각됩니다.

충숙과 문광의 대치 상황은 역전되었습니다. 이제 문광이 박 사장에게 네 명의 관계를 폭로하겠다고 협박합니다. 두 가족은 몸싸움을 벌이다가 문광은 뇌진탕으로 정신을 잃고, 근세는 지하에 결박되어 부부 둘 다 방공호에 갇히는 신세가 됩니다. 문광이 들이닥친 사건은 일단락난 듯했지만 뒤이어 캠핑을 떠난 박 사장 가족이 갑자기 돌아온다는 연락을 받고 이들은 다시 우왕좌왕하면서 위기를 간신히 모면합니다.

✪ 반지하, 지하를 밟고 지상을 탐하다

반지하 계층을 대변하는 기택의 가족은 박 사장이 되는 것을 꿈꾸지 않습니다. 다만 박 사장 내외에 기생하며 살길 바랄 뿐입니다. 하지만 이를 가로막는 것은 박 사장 가족이 아닌 문광 부부입니다. 문광 부부 역시 박 사장처럼 살기를 꿈꾸지 않습니다. 기택네처럼 박 사장 곁에서 기생하길 바랄 뿐입니다. 기택의 가족과 문광 부부는 박 사장의 발밑 자리를 차지하기 위해 사투를 벌이는 것입니다.

연대를 통해 박 사장 곁에 머무는 방법도 있었지만 두 가족은 경쟁과 싸움으로 자리를 차지하려고 합니다. 이것은 극자본주의사회의 구조를 보여줍니다. 극자본주의사회는 전통적인 자본주의사회가 발달한 것으로 계급이 존재하지만 관계의 변화가 생겨난 것을 의미합니다. 전통적인 자본주의사회 구조는 부르주아와 프롤레타리아의 계층으로 나뉩니다. 계층이 있는 사회라는 점은 불평등하지만 이러한 계층적 구조를 거부하기 위해서 프롤레타리아가 연대하여 부르주아를 무찌르는 사고가 통용되었습니다.

하지만 극자본주의사회인 현대사회에서는 가난한 사람끼리 서로 싸웁니다. 이들은 더 이상 부자와 겨루려고 하지 않습니다. 그리고 이러한 사회에는 인간성으로 구분했던 선과 악의 개념은 상실되고, 가진 자와 갖지 못한 자 사이에 서로가 넘어갈 수 없는 경계선이 생깁니다. 극자본주의사회는 이러한 경계선을 인정하고 받아들이는 사회입니다.

그래서 근세는 근대의 상징이라고 할 수 있는 모스부호로 박 사장에게 충성을 맹세하고 감사 인사를 매일 드리는 것입니다.

문광은 박 사장이 만든 식민지에 거주하며 충성하는 노예적 인간의 표본을 보여줍니다.

기택 부부는 자신들을 거둬준 박 사장 부부가 순진하고 착하게 느껴집니다. 그러면서 "이 돈이 다 나한테 있었어 봐. 나는 더 착하지 착해."라고 말하면서 돈이 선악을 결정한다는 인식을 보여줍니다. 기택 부부는 착하고 순진한 부자 곁에서 자신의 욕망을 채울 수 있을 거라고 확신합니다. 그래서 기택의 가족은 문광 부부를, 문광 부부는 기택의 가족을 없애기 위해 혈투를 벌입니다.

✪ 다시 반지하와 지하로 돌아간 유령들

영화에서 박 사장 저택의 지하 방공호에는 문광의 남편 근세가 살다가 이제 기택이 살게 됩니다. 원래 방공호는 폭탄과 같은 위험으로부터 몸을 지키기 위한 목적으로 만들어진 공간입니다. 그렇다면 근세와 기택은 무엇으로부터 위협을 받았기에 피신자가 되어 몸을 숨기게 되었을까요?

거대한 다국적기업과 대기업이 시장을 장악한 세상에서는 더 이상 생산과 소비가 순환하지 않습니다.

프랜차이즈 사업을 예로 들어봅시다. 전통적인 사회에서는 개인의 기술이 생산수단이 되었고, 이를 통한 생산과 소비가 순환하여 경제 고리가 형성되었습니다. 여기에서 만들어진 개인의 기술을 우리는 '장인'이라고 부릅니다. 하지만 기업의 자본에 의해 공장이 생겨나면서 기술 없이 물건을 만들어낼 수 있는 환경이 되고, 누구나 돈만 있으면 장인처럼 보이는 '기술 없는' 장인이 됩니다. 이들은 기술이 없기 때문에 생산과정을 알지 못하고 관여할 수 없습니다. 그런데 문제가 발생할 때 이를 책임지는 것은 기술 없는 장인입니다. 그래서 대왕카스테라의 몰락과 같은 문제가 생겨 제2의 기택과 문광 부부가 만들어집니다.

거대한 자본은 부자들에게 순한 양의 가면을 씌우고, 서민을 악으로 각인시키면서 계층을 통제하고 지배합니다. 연대하지 않은 사람들은 유령 같은 존재가 되어 세상에 나가지 못합니다. 그래서 기택은 방공호에 숨어들고, 기우는 다시 반지하로 돌아가 세상을 등집니다.

영화는 극자본주의사회의 연대가 부재하는 문제에 대해 경고합니다. 〈기생충〉은 계층의 대립에 대한 프레임을 바꾼 영화입니다. 현대사회의 중요한 가치는 무엇일까요? 1990년대에 방영했던 〈한 지붕 세 가족〉은 한 집에서 세 가정이 살아가는 이야기를 담은 드라마입니다. 서로 사소한 일로 싸우기도 하지만 어려울 때는 서로 도우며 살아가는 주인집 가족과 그 집에 세들어 사는 두 가정의 구성원들의 따뜻한 모습을 그리고 있습니다. 사람들은 이 드라마를 보고 슬픔을 이겨내고 희망을 가졌습니다. 반면 2019년에 봉준호가 보여준 연대 없는 사회는 희망이 부재한 미래의 모습입니다.

웰컴 투 동막골

감독: 배종 | 개봉: 2005년 | 등급: 12세 관람가

1950년 11월, 한국전쟁이 한창이던 때 함백산 절벽 사이에 자리 잡은 동막골 마을에 국군, 인민군, 연합군이 모이게 되었습니다. 서로 다른 이념을 가진 사람들이 순수한 동막골 사람들과 지내면서 이념을 던져버리고 하나의 인간이 되는 과정을 그린 영화입니다. 동막골 사람들처럼 사랑스러운 인간이 되는 방법은 무엇일까요? 영화를 보면서 그 비결을 찾길 바랍니다.

내일을 위한 시간

감독: 다르덴 형제 | 개봉: 2015년 | 등급: 12세 관람가

복직을 앞둔 산드라는 회사로부터 해직 통보를 받습니다. 그런데 해직보다 더 놀라운 사실은 동료들이 자신의 복직 대신 보너스를 선택했다는 사실입니다. 이렇게 회사는 노동자를 분열시킵니다. 〈기생충〉이 자본이 조장한 노동자 계층끼리의 분열을 그려낸 것이라면 이 영화는 노동자 계층끼리의 연대 가능성을 보여줍니다.

1

난이도 ★★★★ 중등 국어

기우와 기정은 집안 형편이 어려운데도 입시를 준비합니다. 기택 또한 자식들이 입시를 준비하는 것에 반대하지 않습니다. 이들의 판단에 대해 토의해봅시다.

2

난이도 ★★★★★ 중등 도덕, 사회

박 사장 부부는 문광과 기택의 노동력에, 기택 가족과 문광 내외는 박 사장의 돈과 집에 기생했습니다. 결국 세 가족은 서로를 죽이면서 비극적인 결말을 맞게 됩니다. 〈기생충〉은 인간의 관계가 공생이 아닌 기생의 관계임을 보여줍니다. 하지만 우리나라의 전통적인 사회 가치관인 '홍익인간', '대동사회' 등은 인간의 공생을 강조하고 있습니다. 인간관계에서 공생과 기생의 차이가 무엇인지 논술해봅시다.

3

난이도 ★★★★★ 중등 사회

도시가 만들어진 이후 공간은 계급을 나타내는 상징이 되었습니다. 도시가 발전하면서 냄새나고 위험한 것은 지하로, 깨끗한 것은 지상의 공간으로 분리했습니다. 이는 자본에 의해 구분지어진 우리 사회에도 적용됩니다. 화장터, 원자력발전소, 쓰레기 매립지 등이 도심에서 먼 외곽 있다는 것은 공간의 문제가 자본과 긴밀한 관계가 있다는 것을 보여주는 사례이기도 합니다. 우리 주변에 이런 자본의 논리가 적용된 곳을 찾아보고, 문제점을 해결하기 위한 방안에 대해 논술해봅시다.

4

철학자 칸트는 '할 일이 있고, 사랑하는 사람이 있으며, 희망이 있다면 행복한 사람'이라고 말했습니다. 더불어 '선한 의지가 행복의 필수 요소'라고도 했습니다. 이 시대의 진정한 행복이 무엇인지 생각해보고 논술해봅시다.

5

박 사장과 기택, 근세가 행복을 느끼는 순간을 통해 그들이 생각하는 행복을 비판적으로 논술해봅시다.

박 사장이 행복을 느낄 때	
기택이 행복을 느낄 때	
대세가 행복을 느낄 때	

직지코드
예술의 의미

감독: 우광훈, 데이빗 레드먼 | 개봉: 2017년 6월 | 등급: 전체 관람가

❊ ❊ ❊

금속활자는 인류의 위대한 발명품 중 하나로 꼽힙니다. 금속활자로 인쇄술이 발달했고, 인쇄술이 발달하면서 많은 사람이 책을 읽을 수 있게 되었습니다. 이는 정보 교류가 활발하게 이루어지고, 교육의 문을 개방하는 결과를 가져왔습니다. 따라서 금속활자를 발명한 구텐베르크가 종교개혁, 민주주의 등 근대를 태동시킨 주역이라고 세계 역사는 평가합니다.

세계 최초로 금속활자를 만든 사람이 구텐베르크라고 하는데 한 가지 의문이 듭니다. 우리는 세계 최초의 금속활자 인쇄본이

'직지'라고 알고 있는데 왜 서양에서는 구텐베르크의 '성경'이라고 가르치는 것일까요?

최초는 '처음'이라는 말입니다. 처음이라는 것은 시간에 의해 밝혀질 수 있는 명확한 구분임에도 어디에서는 구텐베르크가 최초로 금속활자를 발명했다고 하고 또 어디에서는 고려에서 최초로 발명되었다고 합니다. 도대체 무엇이 진실인 걸까요? 〈직지코드〉는 금속활자의 진실을 밝히는 힘든 여정을 담은 다큐멘터리 영화입니다.

✦ 직지 추적, 가설을 세우다

데이빗은 우연히 고려 최초의 금속활자본 직지를 알게 됩니다. 지금까지 학교에서 배운 사실이 잘못되었다는 걸 알고 충격을 받은 그는 직지가 최초의 금속활자본이라는 믿음을 가지고 이를 밝히기 위한 프로젝트를 시작합니다.

세계 최초로 발명된 금속활자가 무엇인지를 밝히기 위해서는 구텐베르크가 독자적으로 금속활자를 개발했는지 아니면 고려의 영향을 받았는지를 추적해야 합니다. "구텐베르크가 인쇄술을 개발하기 시작할 때 고려에서 막 돌아온 사제와 이야기를 나누었다는 것"과 "그 사제가 고려 금속활자의 설계도를 가져왔다."라고 언급한 엘 고어의 기조연설을 듣고 데이빗은 구텐베르크가 '금

속활자를 만들 때 고려의 영향을 받았다.'라는 가설을 세웁니다.

엘 고어가 들은 것은 스위스 바젤의 추친 박사가 말하는 학계의 전설입니다. 구텐베르크가 금속활자를 만들기 전 많은 유럽 사제들이 동양으로 갔는데 그중 몬테 코르비노라는 사제가 베이징에서 아비뇽 교황청으로 두 차례에 걸쳐 편지를 보냈습니다. 그 편지에 인쇄와 관련된 내용이 있다는 것이 학계의 전설이라고 합니다.

여기에서 눈여겨보아야 할 사실이 하나 있습니다. 아비뇽 교황청의 후원자 중 왈드 포겔이라는 출판업자가 있었는데, 왈드 포겔에게는 성이 같은 왈드 리페라는 조수가 있었습니다. 그런데 그 조수의 사촌 한스 리페가 구텐베르크와 함께 일했다는 사실입니다. 그러면 몬테 코르비노의 편지를 확인하면 되겠네요. 그런데 이 편지를 확인하기는 한양에서 김 서방을 찾는 것보다 더 어렵습니다. 이 편지는 방대한 자료를 모아놓은 바티칸 비밀문서고(庫)에 있기 때문입니다.

❸ 실과 바늘, 진실 규명과 훼방

데이빗과 영화 제작진은 이탈리아, 프랑스, 영국을 종횡무진 다닙니다. 직지 원본 확인, 몬테 코르비노의 편지 확인, 구텐베르크의 성경 원본 확인, 추친 박사와 인터뷰, 왈드 포겔의 기록 등 확인할 것들이 점점 늘어납니다.

하지만 직지의 원본을 확인하는 일부터 쉽지 않습니다. 프랑스 국립도서관은 직지의 원본을 보여주지 않습니다. 감독은 서울시장과 유명인사들의 동의서를 제출하면서 직지 원본을 확인할 수 있도록 허가해달라고 요청하지만 '프랑스 국립도서관은 직지를 보관하는 곳이지 보여주는 곳이 아니다.'라는 답변으로 제작진의 요청을 거절합니다.

그리고 더 황당한 것은 이 다큐멘터리의 배후가 누구인지 궁금해하며 어떤 세력이 있다고 짐작하는 그들의 태도입니다. 그래서 프랑스 국립도서관은 '직지는 한국과 프랑스 사이에 매우

민감한 사안이기에 〈직지코드〉 제작을 지지하지 않는다.'는 의사를 노골적으로 밝힙니다.

세계 최초의 금속활자본으로 추정되는 직지 원본을 갖고 있는 프랑스 국립도서관의 태도는 이상하기만 합니다. 직지의 원본을 가지고 있다는 것을 자랑하기에도 바쁠 텐데 숨기다니요. 프랑스 국립도서관은 왜 제작진의 배후가 있다고 의심하는 것일까요? 그들은 도대체 무엇이 두렵기에 직지를 꽁꽁 감추려고 하는 걸까요?

직지는 고(故) 박병선 여사에 의해 세상에 알려지게 되었습니다. 박병선 여사는 프랑스에서 공부하고 프랑스 국립도서관 동양 파트에서 근무했습니다. 그녀는 병인양요* 당시 프랑스가 조선에서 가져온 것이 무엇이 있는지 찾기 위해 프랑스 방방곡곡을 찾아 헤맸습니다. 그러다가 우연한 기회에 그것이 프랑스 국립도서관의 폐지 넣는 창고 속에 있다는 것을 알게 되었습니다. 바로 직지가 먼지 쌓인 창고에 큰 짐들과 뒤섞여있었던 것입니다. 지금도 직지가 있는 프랑스 국립도서관 지하층은 강에서 가까워서 물난리가 자주 나는 곳이라고 합니다. 박병선 여사가 근무했을 당시 프랑스 국립도서관은 직지에는 별 관심이 없었고 의궤**에 관심이 많았다고 합니다. 프랑스는 왜 의궤를 중요하게

---

* 대원군의 가톨릭 탄압으로 고종 3년(1866) 프랑스 함대가 강화도를 침범한 사건

** 조선시대 왕실의 주요 행사나 내용 기록

생각했을까요? 그 까닭은 한국 정부와 시민 단체가 의궤를 돌려 달라고 요구했기 때문이라고 합니다

미테랑 대통령은 프랑스의 고속 철도 테제베(TGV)*를 한국에 팔려고 의궤를 들고 우리나라에 왔었습니다. 의궤는 김영삼 대통령이 미테랑 대통령과의 정상회담에서 반환을 요청하고 이에 동의했습니다. 그리고 테제베를 구입한다면 남은 의궤와 직지를 돌려주겠다고 프랑스 정부는 약속했습니다. 우리 정부는 테제베를 계약했지만, 프랑스 국립도서관은 이틀 동안 업무를 중단하는 등 의궤와 직지 반환을 강력하게 반발하고 거부한 결과(1998년 7월 2일) 결국 프랑스 정부는 남은 의궤와 직지를 우리에게 돌려주지 않았다고 합니다.

프랑스 입장에서는 같은 이유로 직지에 관한 다큐멘터리 제작을 지지하지 않는다는 논리가 성립됩니다. 왜? 직지가 계속 알려지면 반환 요청이 들어올 테니까요. 그것은 직지만의 문제가 아니겠지요. 서양의 유명 도서관에는 세계 곳곳에서 약탈해온 문화재가 가득 채워져 있는데, 직지 반환을 빌미로 다른 많은 국가에서 빼앗긴 역사 유물의 반환 요청이 들어오면 그들의 도서관은 텅 비게 될 거라고 합니다. 그렇기 때문에 프랑스 국립도서관 입장에서는 이 문제가 심각한 이슈가 되는 거지요. 실제로 한국

---

* 프랑스의 고속 철도인 테제베는 파리에서 리옹에 이르는 426킬로미터의 동남선 외에 대서양선, 북부선도 있으며, 최고 시속은 270킬로미터입니다. 1981년에 테제베 운행을 시작한 프랑스는 1994년 우리나라와 차량 도입 계약을 약 2조 1,000억 원에 체결했습니다.

의 시민단체가 직지 소유권을 주장한다고 합니다. 프랑스 국립 도서관은 이런 주장에 이어 들어올 반환 요청이 두려운 겁니다. 그래서 프랑스 국립도서관의 큐레이터는 데이빗 일행의 예약을 일방적으로 취소하고 입장도 불허, 촬영도 금지합니다.

유럽에 가면 유명한 미술관이 많습니다. 사람들은 그곳을 꼭 방문하고 기념사진을 찍습니다. 위대한 미술품을 관람하면서도 이것이 정복자의 약탈품이라는 사실은 생각하지 않습니다. 실제로 우리나라에서 프랑스로 직지를 가져간 찰스 버렛 같은 사람은 진짜 예술을 사랑해서 직지를 가져간 것이고 유럽에 동양 예술이 얼마나 아름다운지 보여주려고 노력했다고 설명합니다. 하지만 데이빗과 함께 직지를 추적하는 사랑은 아무리 의도가 순수해도 시대적 상황을 이용해 문화재를 가져온 것은 잘못된 행동이라고 생각합니다.

제작진은 구텐베르크 이전 아비뇽의 금속활자 발명가가 있었다는 기록을 왈드 포겔의 문서에서 찾아냅니다. 이것은 구텐베르크가 금속활자를 만들기 10년 전의 기록입니다. 거기에는 쇠로 된 알파벳 도구를 손에 들고 있고, 쇠로 된 글자들과 누름 장치 그리고 인쇄에 관련된 도구들을 가지고 있다고 기록되어있습니다. 더불어 새로운 소식도 듣게 됩니다. 그것은 바로 교황이 133년경 고려왕에게 쓴 편지가 있다는 기록입니다. 하지만 바티칸 비밀문서고로 이전된 편지를 찾기는 어렵습니다.

지금껏 찾은 자료를 근거로 추정하자면 '중국에 온 사제들이 고

2부. 세상에 감추어진 중요한 진실

려의 금속활자를 습득했고 아비뇽의 인쇄업자들에게 전달했다. 그리고 그중 누군가가 구텐베르크에 전수했을 것이다.' 혹은 '고려와 아비뇽이 직접 교류했을 것이다.'라는 가설이 성립됩니다.

제작진은 구텐베르크의 고향 독일 마인츠로 향합니다. 마인츠에 있는 구텐베르크 기차, 동상, 박물관 등 모든 것이 구텐베르크를 보여줍니다. 구텐베르크에 대한 그들의 자부심이 보입니다. 구텐베르크 박물관 관계자와 만나서 인터뷰를 했는데 그들은 "왈드 포겔과 구텐베르크는 연관이 없으며 그것은 추정일 뿐이다. 확인하지 않은 추정은 믿을 수 없다."라고 말합니다.

스트라스부르 조형예술대 교수이자 고인쇄 연구가 드로니옹 박사는 고려 금속활자와 구텐베르크 금속활자의 유사점을 발표했습니다. 하지만 박물관은 추정도 연구 자료도 받아들이지 않습니다. 하지만 놀랍게도 구텐베르크와 관련된 모든 것이 추정이었습니다. 구텐베르크의 성경은 남아있지만 그 성경이 구텐베르크가 찍은 것인지도 확실치 않고, 글자 모형도, 인쇄기도 남아 있지 않습니다. 왈드 포겔과 관련된 증거는 15가지가 있지만 구텐베르크와 관련된 발행인 등 기록이나 표시가 될 만한 증거는 하나도 없습니다.

왜 이런 일이 일어난 걸까요? 영화는 공인된 학술 정보와 공인되지 않은 지식의 구별이 돈을 투자하느냐 마느냐에 따라 달라진다고 이야기합니다. 예술품이라는 것이 누군가에게는 정신의 물질로 가치가 있는 것이라면 누군가에게는 자본으로서의 가치가 있다는 것이지요. 자본에 의해 역사와 진실이 덮인다는 것입니다.

고려와 유럽의 교류는 13세기 말 원나라를 통해 있었습니다. 원나라를 세운 인물은 칭기즈칸의 손자인 쿠빌라이입니다. 고려 철종은 쿠빌라이의 사위였고, 철종의 아들 충선왕은 쿠빌라이의 사랑을 듬뿍 받았습니다. 그래서 충선은 원에 오랜 시간 머물기도 했지요. 바로 충선이 원에 머물렀던 그 시기가 원과 서양의 교류가 활발했던 시대라고 합니다.

✪ 우리에게 직지는 어떤 가치가 있는가?

데이빗은 묻습니다.

"측우기가 왜 대단한 발명품이죠?"

우리는 그저 중요하고 좋은 거라고만 배웠습니다. 그러나 그것이 왜 중요하고, 왜 알아야 되는지에 대해서는 궁금해하지도 가르치지도 않습니다. 여기에서도 '직지'에 대해 많이 언급했습니다. 이 글을 읽으면서 직지에 대해서 궁금증을 느끼셨나요? 우리는 직지가 세계 최초, 최고여서 좋다고 하지만 직지가 지닌 의미에 대해서는 관심이 없습니다.

범어사에 계신 무비 스님은 "세상 사람들이 직지의 내용이 팔만대장경과 수많은 조사 어록을 집약한 만고의 보물인 점에는 주목하지 않고 단지 인쇄문화유산으로서의 가치만 보고 있어서 안타까웠다.”고 합니다. 영화는 무비 스님의 말씀과 같이 직지와 같은 보물에 담긴 정신적인 가치를 들여다보는 것이 더욱 중요하다고 강조합니다.

　문화재 환수의 가장 중요한 쟁점은 문화유산의 가치를 무엇으로 보는가에 있습니다. 서양 국가들이 과거 식민지에서 약탈해 간 문화재를 소장하려는 이유는 그것의 가치가 자본에 있기 때문입니다. 하지만 문화재를 약탈당한 나라에서는 그것의 가치를 정신에 두고 있기 때문에 되찾으려고 하는 것입니다.

　직지의 정신이 아닌 직지의 원본을 환수하려는 우리의 태도는 그들과 무엇이 다를까 생각해봅니다. 우리는 왜 우리의 문화유산을 되찾으려고 하는 것일까요? 그것은 바로 문화유산의 정신에 있습니다. 문화유산을 통해 그 정신을 이어가는 것이 문화재 환수의 핵심이라는 것을 잊지 말았으면 좋겠습니다.

모뉴먼츠 맨: 세기의 작전

감독: 조지 클루니 | 개봉: 2014년 | 등급: 12세 관람가

사람의 목숨도 지키기 어려운 전쟁터에서 예술품을 지키기 위한 부대 '모뉴먼츠 맨'이 결성됩니다. 전쟁터 한가운데로 나서는 이들은 골칫덩어리 군인으로 취급받습니다. 도대체 예술이 무엇이기에 목숨을 걸고 지켜야 하는 걸까요? 모뉴먼츠 맨의 활약 덕분에 남겨진 유산이 무엇인지, 그 유산이 우리에게 무엇을 남기는지 생각해봅시다.

러빙 빈센트

감독: 도로타 코비엘 | 개봉: 2017년 | 등급: 15세 관람가

예술 작품을 감상하는 듯한 영화 〈러빙 빈센트〉는 고흐의 방식으로 그려진 고흐의 영화입니다. 대부분 상업영화를 접하고 있기 때문에 우리는 영화가 예술 장르라는 것을 잊고 지냅니다. 107명의 화가가 2년간 매달려 만든 이 영화는 영화라는 매체가 예술에 속해있음을 보여줍니다.

1

난이도 ★★★★ 중등 사회

우리나라는 빠르게 변화하고 있습니다. 특히 옛 모습을 간직한 장소는 재개발이라는 이름으로 탈바꿈하고 있습니다. 요즘은 과거의 모습을 간직할 필요가 있다는 요구에 힘입어 도시 재개발이 아닌 도시 리모델링을 하는 사례도 늘고 있습니다. 우리 주변에서 간직해야 할 명소를 소개하고, 보존해야 하는 이유를 서술해봅시다.

장소	보존해야 하는 까닭

2

난이도 ★★★★★ 중등 미술

우리나라에 지정된 국보와 보물은 셀 수 없을 정도로 많습니다. 교과서에도 국보와 보물이 많이 소개되어있습니다. 그중 한 가지를 선택해 국보와 보물로 인정받게 된 까닭을 조사하고, 국보와 보물 지정 기준에 대해서 토론해봅시다.

3

난이도 ★★★ 중등 사회, 미술

파블로 피카소의 '파이프를 든 소년'은 1,000억 이상의 가치를 지닌 고가의 그림으로 알려져 있습니다. 이 그림의 책정된 가격에 관해 토론한 후 자신이 가진 물건 중 하나를 선택해 가격을 책정하고 이유를 설명해봅시다.

4

난이도 ★★★★ 중등 사회

문화재 환수는 국가 간 예민한 쟁점이기도 합니다. 보통 환수를 요구하는 나라는 보관하고 있는 나라보다 경제적으로 뒤떨어진 나라가 많아서 환수가 제대로 이루어지지 않습니다. 다른 나라의 문화재를 보관하고 있는 곳은 진실을 조작하고 은폐하려고 합니다. 직지원정대와 같이 역사적 진실을 밝히는 노력이 중요한 이유는 무엇인지 설명해봅시다.

5

난이도 ★★ 중등 국어

직지를 환수하기 위해서 정부에 청원하는 글을 올리려고 합니다. 객관적인 근거와 자료 조사를 한 내용을 바탕으로 설득하는 글을 작성해봅시다.

3부

기록, 그 너머의
역사

말모이
우리말 지킴이, 그 현장 속으로

감독: 엄유나 | 개봉: 2019년 1월 | 등급: 12세 관람가

❧ ❧ ❧

이 영화의 제목인 〈말모이〉는 '우리의 말들을 모았다'라는 뜻으로 일제강점기에 편찬하고자 했던 사전의 이름이자 말을 모으는 운동이었습니다. 하지만 영화는 단순히 사전을 만들고자 했던 일화를 각색한 것이 아니라 우리의 말과 얼을 지키려 했던 사람들의 노력을 보여줍니다.

영화는 우리말 사용이 금지되었던 일제강점기 시절, 한글을 지키기 위해 조선어학회에서 활동한 실존 인물들의 삶을 재조명할 수 있는 계기를 마련해줍니다. 그 중심에는 감옥을 밥 먹듯 드나들다 조선어학회 일원이 된 까막눈 김판수가 있습니다.

"말 모으는 작업을 한다. 그러던데 거기엔 제가 최곱니다."

❀ 김판수, 우리말의 소중함에 눈뜨다

1941년 경성의 한 극장, 김판수는 극장 직원이면서 관객들의 주머니를 터는 좀도둑과 한패입니다. 김판수는 부정행위가 발각되어 해고된 날, 경성제일중학교에 다니는 아들의 월사금 독촉 편지를 받습니다. 돈 구할 곳이 없었던 김판수는 일당들과 함께 소매치기에 나섭니다. 그러다 돈이 많아 보이는 류정환의 가방을 훔칩니다. 그런데 그는 우리말을 모아 지키려 했던 조선어학회 대표였습니다. 김판수는 황해도 사투리 원고를 가지고 경성역에 도착한 류정환을 목표로 삼은 것입니다. 그 후 집으로 돌아온 김판수는 가방을 돌려받으러 온 류정환을 보고 놀랍니다.

김판수는 전과자에다 까막눈입니다. 그런 그를 감방 동기였던 조갑윤이 조선어학회에 사환으로 추천합니다. 그런데 그곳에 류정환이 있습니다. 조갑윤은 동료 회원들에게 김판수가 함흥교도소에서 자신을 일본인 교도관으로부터 여러 번 살려준 은인이라고 말하며, 그가 나름대로 의리 있고 올곧으며 자존감이 강한 인물이라고 소개합니다. 하지만 악연으로 만남을 시작한 류정환은 김판수를 쫓아내려고 합니다. 그런데 회원들이 그를 반깁니다.

결국 류정환도 회원들 때문에 마지못해 김판수를 받아들이게 되고, 김판수는 류정환의 요구에 따라 그곳에서 읽고, 쓰기를 배우기 시작합니다. 돈도 아닌 말을 대체 왜 모으나 싶었던 김판수도 난생처음 글을 읽으며 우리말의 소중함에 눈을 뜹니다. 마침내 글을 읽게 된 김판수는 《운수 좋은 날》 책을 읽고 작품에 감동해 눈물을 흘립니다.

글을 배우고 처음 딸에게 책을 읽어주던 김판수에게 그의 아들이 말합니다.

"아버지, 순이 앞에서 자꾸 조선말 하지 마세요. 순이 내년에 학교 가는데 괜히 조선말이라도 하면 매 맞습니다. 아버지도 이왕 공부하실 거면 일본말을 배우세요."

아들의 말을 듣고 순간 멈칫하는 김판수, 우리말의 소중함이 더 절실해집니다.

그렇게 김판수는 조선어학회 사람들과 하나가 되기 시작합니다.

김판수 역을 맡은 배우 유해진은 인터뷰에서 "판수는 무식하고 한심한 가장이다. 사명감을 가지고 학회에 들어가면서 많은 변화를 가져온다. 그리고 까막눈인 판수는 글을 알게 되면서 가장으로서도 성장하게 된다."며 이 배역을 맡은 이유를 설명했습니다.[*]

김판수는 처음에는 돈을 벌 목적으로 조선어학회 일을 도왔습니다. 그러나 우리말의 소중함에 눈뜬 그는 각 지방 출신 감방

---

[*] 〈톱스타뉴스〉(2018.12.03), '〈말모이〉 유해진, "순한 맛이 있는 영화라 출연 결심"'

동기 14명을 데리고 와 사투리 모으는 데 힘을 보탭니다. 우리말 지킴이 중심에 섰던 김판수를 생각하면 우리말이 외래어에 가려지는 지금의 현실이 더 안타깝습니다.

✤ 우리말을 지켜내기 위해 목숨을 걸다

류정환은 우리말 사전을 만들면서 일본에 저항하는 인물로, 역사적 사실을 기반으로 한 실존 인물입니다. 일제가 민족말살 정책을 펼치던 시절, 친일파가 된 경성제일중학교 이사장이자 창시자의 아들인 류정환은 아이러니하게도 조선어학회 대표로 활동합니다. 그는 국어 교사였던 아버지에게서 많은 가르침을 받았지만 지금은 변절한 아버지가 부끄럽습니다. 그래서 늘 날을 세우고 아버지와 대립합니다.

류정환은 아버지와는 달리 여전히 민족정신인 말을 지키는 게 나라를 지키는 길이라 믿습니다. 그래서 주시경 선생이 남긴 원고를 기초로 우리말 사전을 만들기 위해 한글 책방을 운영합니다. 그리고 일제에 맞서 비밀리에 우리말을 모으는 '말모이'를 진행합니다.

그러던 어느 날, 류정환은 김판수가 회비에 손을 댔다고 생각합니다. 김판수가 서랍을 뒤지며 무언가를 찾던 모습을 보았기 때문입니다. 하지만 김판수는 극장 앞에서 문화인들이 친일의

앞잡이가 됐다는 사실에 똥물을 뿌리며 항의하다가 매질을 당해 다친 임동익을 치료해주기 위해 약을 찾고 있었던 겁니다. 평소 김판수를 탐탁지 않게 여기던 류정환이 크게 오해를 한 거지요.

뒤늦게 자신의 과오를 알게 된 류정환은 사과하기 위해 김판수의 집을 찾아갑니다. 하지만 김판수는 나와 보지도 않습니다. 그런 김판수에게 류정환이 그동안 숨겨두었던 자신의 속마음을 고백합니다. 바로 아버지께서 자신에게 해주었던 그 이야기를 말이죠.

"한 사람의 열 걸음보다 열 사람의 한 걸음이 더 큰 걸음이라고 마을 사람들에게 글을 가르치셨거든요. 그러면 민들레 홀씨처럼 그 걸음걸음이 퍼져나가 세상을 바꾸고……."

그리고 〈동지〉라는 제목의 잡지를 김판수에게 줍니다. 이것은 류정환이 김판수를 동지로 받아들인다는 의미입니다. 이는 '바로 옆에 있는 한 사람을 사랑할 수 없는데 어찌 민족을 사랑한다고 말할 수 있느냐는 깨달음'입니다. 결국 류정환도 말모이 작업에 힘을 보태는 김판수의 열정을 보고 '우리'라는 동지애의 소중함에 눈을 뜬 겁니다.

그렇게 말모이 사전의 원고 작업이 비밀리에 진행되던 중 이상한 낌새를 눈치 챈 일본 경찰들이 류정환을 쫓습니다. 경찰이 쏜 총에 부상을 당한 류정환은 원고를 김판수에게 맡깁니다. 류정환은 체포되지만 일본 경찰은 원고를 찾지 못합니다.

우리말 사전에 사투리를 담아내기 위해 전국 각지에서 모인 사람들 앞에서 류정환은 단호하게 포부를 밝혔습니다.

"우리는 지금 우리말을 지키고자 어렵게 이 자리에 모였습니다. 우리는 반드시 완성할 것입니다."

일제 탄압에도 굴하지 않고 끝까지 사전을 만들기 위해 고군분투했던 류정환. 과연 그의 다짐은 이뤄질까요?

류정환 역을 맡은 윤계상은 인터뷰에서 "속내를 잘 드러내지 않으면서 책임감을 가지고 조선어학회를 이끌어야 했던 대표라는 직책을 연기하며 마음고생을 하기도 했지만 간접적인 경험을 통해 우리말을 지키고자 했던 분들의 마음을 느끼게 되어 감사하고 삶을 다시 돌아보게 되었다."며 캐릭터에 대한 고뇌와 영화에 대한 애정을 드러내기도 했습니다.*

🎞 말모이, 그 영화 속으로

일제강점기, 조선어사전 편찬을 위해 우리말을 모았던 말모이 작전을 최초로 영화화한 이 작품의 감독 엄유나는 "우연히 보게 된 다큐멘터리 영상을 통해 조선어학회가 만든 사전에는 전국의 수많은 사람들이 함께했다는 사실과 '말모이'라는 단어를 처음 알게 되었다. 일제강점기, 아무런 대가 없이 말을 모으고 마

---

* 〈스포츠동아〉(2018.11.29), '조선어학회 대표로 변신…〈말모이〉 윤계상'

음을 모았다는 점이 감동적이고 신기했다. 이러한 사람들의 진심 어린 마음을 관객들에게도 전달하고 싶었다."라는 제작 의도를 밝혔습니다.[*]

영화는 어려움 속에서도 말모이 작업이 진척되는 장면과 일제의 민족말살정책으로 조선어학회를 향한 탄압이 더욱더 거세어지는 장면을 대비시킵니다. 일본 경찰들이 조선어학회에 들이닥쳤을 때 조윤갑이 절규하듯 외친 소리가 아직도 귓가에 들리는 듯합니다.

"내 나라말로 책 한 권 만들겠다는데 뭐가 문제요!"

❈ 영화 속 사실과 허구

영화는 오프닝에서 1933년 류정환이 주시경 선생의 원고를 들고 도망치는 장면과 1941년 황해도에서 선생들에게서 건네받은 원고를 들고 경성역에 도착하는 류정환의 모습을 연이어 보여줍니다. 이 장면들은 주시경 선생의 작업이 조선어학회의 사전 편찬 사업과 연결되어있음을 암시합니다.

영화 속 배경이 되는 건물은 책을 파는 서점이자 잡지 〈한글〉

---

[*] 〈스포츠한국〉(2019.01.08), 〈말모이〉 엄유나 감독 "우연히 본 조선어학회 관련 다큐멘터리가 영화의 시작"

을 펴내는 조선어학회 사무실입니다. 또 몰래 사전 편찬 작업을 하는 곳이지요. 꽤 넓은 이 공간은 실제로 1935년에 문을 열었던 화동 129번지의 조선어학회 회관을 모델로 한 것입니다. 그 밖에도 원고 분실을 염려해 원고를 한 벌 더 만든 상황이나 최현배 선생이 우리말본 원고의 보충 수정을 진행할 때 집 안에 항아리를 묻고 뚜껑을 덮었던 일화도 사실입니다. 사투리 수집을 위해 잡지 〈한글〉의 독자들과 방학 때 시골에 가는 학생들에게 사투리를 편지로 알려달라고 의뢰한 것 또한 모두 실제 사실을 바탕으로 했습니다.

조선어학회 사건은 일본 경찰이 교사 정태진에게 허위자백을 강요하여 조선어학회 회원이 전원 검거되고 강제로 해산된 사건인데, 영화는 일본 경찰이 민 선생에게 접근하여 거짓 거래를 한 것으로 재현함으로써 실제 사건의 그림자를 암시합니다. 조선어학회 사건으로 체포된 33인 중에서 이윤재와 한징은 함흥교도소에서 옥사했고, 이극로, 최현배, 정인승 등 핵심인물들은 옥중에서 해방을 맞아 밖으로 나오게 된 것도 영화의 결말과 같습니다.

영화에서 가장 극적인 반전이었던 분실된 원고가 발견된 것 역시 역사적 사실입니다. 분실된 줄로만 알았던 원고는 1945년 서울역 운송부 창고 속에서 발견되었습니다. 이는 함흥법원에서 재판을 받던 이극로, 최현배 등의 상고로 재판의 증빙자료로 쓰기 위해 경성고등법원으로 이송되었던 서류들인데, 전쟁 막바지에 일제가 도망감으로써 그대로 창고에 방치되었다가 후일 발견된 것입니다. 영화는 이처럼 기막힌 역사적 사실에 허구의 인물 김판수가 도주하다가 창고에 가방을 숨긴 것이라는 상상을 덧입힙니다.

✹ 조선어학회 사건

그 당시 시대 흐름을 살펴보겠습니다. 우리나라는 1905년 을사조약, 1910년 국권침탈을 당하며 결국 나라를 일본에 빼앗겼습니다. 1910년을 전후로 국어학자 주시경 선생은 일본이 우리나라를 침략했으니 우리의 근본도 무너뜨리려 할 것이며, 그 근본 중 가장 중요한 것이 문화요, 그 문화를 지탱하는 것이 언어이기에 일본이 분명 우리말과 우리글을 빼앗을 것으로 판단했습니다.

그런 연유로 주시경 선생은 '말모이'라는 뜻의 사전을 편찬하기 위한 준비를 했습니다. 이 작업을 시작할 수 있었던 밑바탕에는 '문명 강대국은 모두 자국의 문자를 사용한다'라는 주시경 선생의 큰 깨달음이 있었습니다. 그러나 안타깝게도 세종대왕께서 훈민정음을 창제하신 이후에 후손들은 한글을 하찮은 문자 정도로 무시했고 연구와 재정립에도 소홀했습니다. 그렇게 수백 년이 흘러 1911년 한글 체계화의 필요성을 느낀 주시경, 김두봉, 이규영, 권덕규 선생 등이 한글의 표기와 띄어쓰기가 통일된 사전 편찬 작업을 시작했습니다. 그러던 중 국어 연구에 박차를 가했던 주시경 선생이 1914년 죽음을 맞이합니다.

그렇게 사전 작업은 중단됩니다. 하지만 10여 년 뒤 사전 편찬 작업이 다시 재개되었습니다. 1929년 10월, 이극로를 비롯한 조선어학회 108명의 위원들이 모여서 '조선어사전편찬회의'를 조직한 것입니다. 그 첫 단계로 1933년에 '한글 맞춤법 통일안'을 발표하고, 이어서 3년의 세월을 거쳐 6,100여 개의 표준어가 지정되었습니다.

그런데 문제가 생깁니다. 표준어를 제외한 다른 지역의 말이 사투리가 된 것입니다. 사투리도 우리의 말이고 사투리가 사전에 수록되어야 각 지방에 있는 사람들이 그들 지역에서 쓰는 말이

표준어로는 어떻게 지정됐는지를 알 수 있습니다. 그래야 지역 간 소통이 가능하기 때문입니다. 따라서 팔도의 사투리를 모아야 할 말모이 작업의 필요성이 대두됩니다. 그 당시 조선어학회에서는 〈한글〉이라는 잡지를 전국적으로 간행하고 있었습니다. 지역별로 다른 말들을 어떻게 모을까 고심하던 조선어학회 회원들은 그 잡지에 전국의 사투리를 모집한다는 광고를 실었습니다.

각 지역에서 쓰는 말을 기록하고 심지어 뜻까지 풀이해서 적은 편지가 조선어학회로 물밀듯이 밀려왔습니다. 조선어학회 회원들은 그 편지를 바탕으로 우리말을 옛말, 새말, 사투리, 전문어, 고유명사 등으로 일일이 구분하고 가려내는 작업을 하면서 사전은 차츰 형태를 갖춥니다. 이 작업은 무려 13년 동안 비밀리에 진행되었습니다.

1930~40년은 일제의 조선에 대한 탄압이 절정을 이루던 시기였습니다. 민족성을 말살하기 위한 내선일체, 일본식 성명 강요 등 다양한 정책이 실시되었죠. 일제는 집권 초기부터 국어 시간에 일본어를 가르치고 우리 조선어는 한문과 함께 배우는 외국어 취급을 했습니다. 민족말살정책 시기에는 우리말과 우리글을 학교 수업에서도 사실상 폐지하는 만행을 저질렀습니다.

1942년 일제는 조선어학회 회원들을 민족독립운동 단체로 규정하고 가장 수위가 높은 치안유지법의 내란죄를 적용해서 전국의 회원들을 긴급체포했습니다. 이것이 바로 '조선어학회 사건'입니다. 일제는 1943년 4월까지 총 33명을 검거했습니다. 모진 고문을 당했던 이윤재는 그해 12월, 한징은 다음 해 2월에 옥사했습니다. 겨우 살아남은 회원들도 광복된 1945년 이후에나 석방되었습니다.

그런데 광복 이후 1945년 9월 8일 경성역 창고에서 일제에 빼앗겼던 조선어학회 원고가 우연히 발견되었습니다. 낙심했던 조선어학회 회원들은 다행히 사전 편찬 작업을 이어갈 수 있었습니다. 그렇게 해서 1947년 10월 9일에 〈조선말 큰사전〉 1권이 간행되었고, 1957년까지 총 6권을 펴냄으로써 주시경 선생이 사전 편찬 작업을 시작한 지 46년 만에 조선어사전 편찬 작업이 마무리되었습니다.

조선어학회가 사전 작업을 하기 전에는 우리의 글에 정리된 문법도, 사전도 없었습니다. 조선어학회의 사전 작업이 없었다면 일제의 강압적 정책 속에서 우리의 민족성을 지켜낼 수 있었을지 되묻게 됩니다. 우리말과 우리글은 민족을 하나로 묶는 힘의 원천이기 때문입니다.

첫 우리말 사전 원고인 '말모이 원고' 등 한글사전 2종이 보물로 지정됐습니다. 문화재청은 2020년 10월 8일에 열린 제5차 문화재위원회 동산문화재분과의 회의 결과에 따라 국가등록문화재 제523호 '말모이 원고'와 국가등록문화재 제524-1호, 524-2호 '조선말 큰사전 원고' 등 2종 4건을 국가지정문화재(보물)로 지정 예고하기로 했습니다. 우리의 말을 지켜낸 국민적 노력의 결실이 인정받게 되어 다행입니다.

동주

감독: 이준익 | 개봉: 2016년 | 등급: 12세 관람가

일제강점기 우리의 말과 글이 억압당한 상황에서 창씨개명을 요구하는 일제의 만행에 괴로워하는 윤동주와 송몽규의 스물 여덟 해 삶을 보여주는 영화입니다. 윤동주는 본명 외에 '동주(童柱)'와 '윤주(尹柱)'라는 필명도 사용했습니다.

천문: 하늘에 묻는다

감독: 허진호 | 개봉: 2019년 | 등급: 12세 관람가

정확한 조선의 시간과 하늘을 만들려 했던 세종과 장영실의 숨겨진 역사가 감독의 상상력으로 영화화되었습니다. 관노로 태어나 종3품 대호군이 된 과학자 장영실. 신분의 구분 없이 백성을 귀하게 여겼던 세종의 사랑이 한글 창제까지 이어집니다.

박열

감독: 이준익 | 개봉: 2017년 | 등급: 12세 관람가

암울했던 일제강점기의 한복판에서도 세상과 타협하지 않고 자신의 신념을 따랐던 박열과 가네코 후미코의 삶을 그린 영화입니다.

1

난이도 ★ 중등 국어

언제부터인가 우리말은 유행어와 은어로 물들어있습니다. 또 TV에 나오는 유행어와 인터넷 용어들을 사용하다 보니 말이 점점 짧아지는 '줄임말' 현상이 나타났습니다. 이런 현상에 대해서 어떻게 생각하는지 토의해봅시다.

2

난이도 ★ 중등 국어

민족말살정책이 극심하게 자행되던 일제강점기 조선어학회 회원들이 한글 사전을 편찬하려고 마음을 다했던 이유는 무엇이었는지 생각해봅시다.

3

난이도 ★★ 중등 국어

김판수가 글을 배워 처음으로 딸에게 책을 읽어줄 때 그의 아들은 시대의 흐름에 따라 조선말을 사용하지 말고 일본말을 익히라고 합니다. 내가 김판수라면 아들의 말에 어떻게 대답했을지 적어봅시다.

4

난이도 ★★ 중등 국어

인구 7만 명인 찌아찌아족은 공용어로 인도네시아어를 쓰며 고유 언어를 갖고 있지만 이를 정확히 표기할 문자가 없었습니다. 그래서 2008년 부족

표기법으로 한글을 받아들이기로 했습니다. 부족어로 대화를 하지만 문자는 한글을 사용해 적는 것입니다. 한글이 다양한 말소리를 표기할 수 있고 익히기 쉽다고 판단했기 때문입니다. 한글의 우수성을 세계에 알릴 방법에는 무엇이 있는지 생각해봅시다.

5 난이도 ★★ 중등 역사

아직도 우리 국립묘지에는 친일 묘역이 남아있습니다.* 또 "독립운동을 하면 3대가 망하고 친일을 하면 3대가 흥한다."는 말도 있습니다. 이렇게 일제 청산이 이루어지지 않는 까닭과 그 책임은 누구에게 있는지 그리고 이 문제를 해결하기 위한 방법을 토론해봅시다.

6 난이도 ★ 중등 국어

조선어학회에서 편찬한 우리말 사전이 갖는 의미가 무엇이라고 생각하나요? 포스터로 만들어봅시다.

---

* 〈한겨레신문〉(2018. 06.28), '국립묘지 묻힌 친일파 63명…독립운동가 공원에 냉대'

남산의 부장들

그때 그 시절, 암흑 같았던 우리의 역사

감독: 우민호 | 개봉: 2020년 1월 | 등급: 15세 관람가

❀ ❀ ❀

1979년 10월 26일 저녁 7시 40분경 외부에 철저히 가려져 있던 서울 종로구 궁정동 안전가옥에서 중앙정보부장 김재규가 대통령 박정희를 살해한 사건이 발생합니다. 18년간 이어진 독재 정권의 종말을 알린 이 사태는 대한민국 근현대사의 주요 사건으로 꼽힙니다.

이 영화는 1992년 출간 당시 52만 부가 팔린 김충식 작가의《남산의 부장들》이 원작으로 실화를 바탕으로 했지만, 영화 속 대사나 장면이 실제와 다른 것이 많아 우려를 제기하는 시선도 있습니다.

영화는 대통령 암살 사건 발생 40일 전 청와대와 중앙정보부, 육군본부에 몸담았던 이들의 관계와 심리를 면밀히 추적하는 이야기로, 중앙정보부장 김규평을 영화 중심에 두고 있습니다. 실제로 남산의 중앙정보부 소속원들은 통칭 '남산의 부장들'로 불렸습니다. 중앙정보부는 지금의 국정원입니다. 그 당시 중앙정보부 권력은 어마어마했습니다. 이들을 견제할 권력이 없었습니다. 견제를 받지 않는 권력은 부패하기 마련이지요.

❊ 엇갈린 충심

주인공 김규평은 실존 인물인 대한민국의 제8대 중앙정보부장 김재규입니다. 그는 1964년 박정희 정권의 한일협상을 반대하며 재야 세력이 일으킨 6.3항쟁 당시 계엄군을 지휘한 인물입니다. 충성심이 높았던 그는 권력의 핵심에 있으면서 박정희 대통령에게 큰 신임을 얻었습니다. 그는 박정희의 고향 후배로 육군사관학교 동기입니다. 1973년 중장으로 예편한 뒤 국회의원과 건설부 장관을 거쳐 1976년 중앙정보부장이 되었습니다. 하지만 1979년 8월 11일 YH무역 여공 농성 사건*, 10월 4일 신민

---

* 가발수출업체인 YH무역의 여성 근로자들이 회사 폐업 조치에 항의하여 야당인 신민당 당사에서 농성 시위를 벌인 사건으로, 경찰이 강제해산하는 과정에서 노동자 한 명이 추락사함

당 총재 김영삼의 국회의원 제명 사건 등 계속된 정국 불안 사건을 수습하면서 유신*정권의 정당성에 대한 의문과 회의를 느끼기 시작합니다.

영화를 보면 미국에서 만난 김규평과 박용각은 "우리가 왜 혁명을 했나?"라는 화두를 던집니다. 영화에 나오는 박용각은 실존 인물로 1963년부터 1969년까지 중앙정보부장을 맡았던 김형욱입니다. 그는 5.16군사정변의 주역으로 박정희 대통령으로부터 상당한 신뢰를 받았습니다. 하지만 유신 이후 점차 권부에서 소외당해 자리에서 물러났고, 1974년 미국으로 망명했습니다.

영화 속 김규평은 박정희 대통령을 사살하기 전 그에게 "왜 혁명을 하셨습니까?"라고 되묻습니다. 김규평의 이런 외침 속에는 혁명의 본질이 흐려졌다는 박정희 대통령에 대한 비판이 들어있겠지요. 하지만 10.26사태 직후부터 이듬해(1980년) 5월 20일 대법원 선고까지 김재규의 모든 재판 과정을 지켜본 김재규의 변호인 안동일은 "실제로 김재규는 박정희 군사 쿠데타에 참여하지 않았습니다. 되레 중앙정보부에 가기 전 재야 세력을 도와 반(反)혁명 세력으로 몰리기도 했습니다."라고 말합니다.** 즉, 영화 속 설정이 사실과 다르다는 겁니다.

---

* 박정희 대통령이 남북 분단의 현실과 국제사회의 변화에 능동적으로 대처한다는 명분 아래 대통령의 권한을 크게 강화하고 국민의 기본권을 제한한 제도

** 〈노컷뉴스〉(2020.02.02), '"유신 심장 쐈다"던 김재규 변호인을 만나다'

✪ 온건파 vs 강경파

1979년 10월 26일 직전의 대한민국은 대단히 혼란스러웠습니다. 1972년 12월 27일 정부중앙청사에서는 유신헌법 공포식이 있었고, 박정희는 종신 대통령을 꿈꿨습니다. 그러나 그를 규탄하는 민주화 시위가 전국 곳곳에서 벌어졌습니다.

1979년 10월 16일부터 10월 20일까지 부산과 마산에서는 유신 체제에 대항한 항쟁이 일어납니다. 이를 '부마항쟁'이라 부릅니다. 그런데 이 시국의 수습책을 찾는 과정에서 김규평과 곽상천이 서로 대립합니다. 곽상천은 실존 인물인 대통령 경호실장 차지철입니다. 그는 1961년 5.16군사정변부터 줄곧 박정희 대통령 옆을 지켰던 인물로, 1974년 영부인 육영수 저격 사건에 대한 책임으로 자진해서 사퇴한 박종규의 후임인 제3대 대통령 경호실장입니다. 그에게 박정희 대통령은 숭배의 대상이었습니다.

김규평과 곽상천은 박정희 대통령을 보좌하는 방법이 달라 자주 충돌했습니다. 김규평이 온건파라면 곽상천은 강경파라 할 수 있죠. 곽상천은 박정희 대통령을 지킨다는 명분으로 청와대 앞에 탱크를 보냅니다. 이런 그가 김규평은 못마땅합니다.

"사람은 인격이라는 게 있고, 국가는 국격이라는 게 있어. 여기 청와대야! 인격과 국격이 어우러지는 곳이야. 탱크 한 번만 더 돌리면 탱크로 경호실부터 뭉개버릴 줄 알아!"

"어이, 김 부장! 각하가 국가야. 국가 지키는 게 내 일이야. 김

부장이야말로 자기가 할 일을 정확하게 몰라?"

　김규평에게 총을 겨누는 곽상천을 보면 그 당시 실존 인물 차지철이 대통령 경호를 명분으로 각종 월권을 행사하여 주변의 원성을 샀다는 이유를 다소나마 짐작할 수 있습니다.

　부마항쟁의 수습책을 두고도 둘은 대립합니다. 곽상천은 계엄령 선포를 주장합니다. 계엄령이 선포되면 입법권, 행정권, 사법권 모두 군사령관이 행사할 수 있습니다. 하지만 김규평은 상대적으로 온건한 입장을 취합니다. 실제로 김재규는 박정희 대통령에게 '심복 박흥주 대령과 함께 부산에 직접 내려가 참가자들을 만나보니 그들은 공산주의의 주장을 받아들이거나 그 정책에 동조하는 용공 분자들이 아니라 시민과 학생이 대다수였다.'는 보고를 했습니다. 하지만 영화에서 이 사실은 재현되지 않습니다.

"계엄령 선포하시죠. 탱크로 밀어버리면 끝입니다. 캄보디아에서는 300만 명도 희생시켰는데 100만, 200만 밀어버린다고 큰일나겠어요?"

박정희 대통령에게 계엄령 선포를 제안하는 곽상천. 하지만 김규평이 단호하게 막습니다.

"계엄령은 안 됩니다."

⊛ 선택된 강경책 그리고 김형욱의 죽음

그동안 김규평의 생각을 많이 받아줬던 박정희 대통령. 그런데 부마항쟁 수습책 마련에서는 곽상천의 의견을 옹호합니다. 영화에는 소개되지 않았지만 실제로 김재규가 차지철보다 선배이고 더 고위직이었는데 직책상 대통령과 가까운 자리에 있던 차지철이 김재규의 정책과 생각을 중간에서 차단했다고 합니다. 또한 김재규가 최태민과 대통령의 딸 박근혜 사이의 비위 보고서를 써서 대통령에게 직접 보고했는데 박정희는 그의 보고서와 충언을 받아들이지 않고 그대로 최태민을 곁에 두었습니다. 이때부터 김재규가 권력에서 밀렸다는 정황이 있습니다.

영화는 박정희 대통령의 마음이 김재규에게서 멀어진 이유를 듣고 싶은 말만 하는 곽상천과 쓴소리도 마다하지 않는 김규평의 대화를 통해 드러냅니다.

"각하, 김영삼 총재가 뉴욕타임스하고 인터뷰했습니다. 미국이 공개적이고 직접적인 압력을 통해서 각하를 제어해줄 것을 요구했답니다. 이건 명백한 반민족적 적대 행위입니다. 김영삼 총재를 즉각 제명하셔야 됩니다."

"인터뷰 좀 했다고 야당 총재를 제명한다면 미국이 가만 안 있을 겁니다."

김규평은 곽상천과의 권력 다툼에서 밀린 상황에서도 주프랑스 공사 이상열을 매수해 1979년 10월 7일 박용각을 유인 살해하도록 유도합니다. 곽상천을 더 옹호하는 대통령을 위해 친구였던 박용각까지 죽인 것입니다. 영화 속의 박용각 즉, 전 중앙정보부장 김형욱은 1979년 프랑스 파리에서 실종됐습니다.

하지만 영화의 내용과는 달리 실제로 김재규는 김형욱 살해에 개입하지 않았고 되레 김형욱 실종 이후 조사팀을 만들어서 조사를 벌이던 중 10.26사태가 일어난 것이라고 그의 변호인 안동일에게 진술했습니다.

그렇다면 박정희 정부는 왜 박용각을 없애려고 했을까요?

10.26사태의 배경에서 미국의 존재를 빼놓을 수 없습니다. 박정희 유신 정부에 대해서 비판적인 입장을 가진 미국은 지미 카터가 대통령이 되자 쿠데타로 정권을 잡은 박정희 정권을 공공연하게 비난했습니다. 이로 인해 미국과 한국 사이에 긴장감이

조성되었지요. 이때 박용각은 박정희 대통령에게 보복하겠다는 생각으로 회고록을 쓰기 시작했고, 미국 하원 청문회가 진행 중인 미국의 의회에 나가 박정희 대통령을 공격하는 증언을 합니다.

"썩은 권력을 탐욕스럽게 먹던 제가 모든 걸 토해내기 위해 이 자리에 선 이유는 그 냄새나는 썩은 권력의 맨 끝에 있는 한 사람을 고발하기 위해서입니다. 바로, 프레지던트 박! 박 대통령이 지금 한국 민주주의를 비극으로 만들고 있는 자입니다."

영화는 10.26사태 40일 전에 박용각이 미국 하원 청문회에 참석한 것으로 그립니다. 하지만 실제로 김형욱이 박정희 정권을 폭로한 미국 하원 청문회는 10.26사태 2년 전인 1977년의 일로, 영화 속 설정과는 사뭇 그 시기가 다릅니다.

🎞 중앙정보부 vs 육군본부

1979년 10월 26일, 종로구 궁정동 안전가옥에서는 연회 술자리가 이어지고 있었습니다. 이때 김규평이 발터 PPK 권총으로 먼저 곽상천의 오른 손목을 맞혔고, 이어 박정희 대통령의 가슴을 향해 총을 쏘았습니다. 박정희 대통령은 치명상을 입고 쓰러졌지요.

김규평은 박정희 대통령을 암살한 후 정승화 육군참모총장을 데리고 남산 중앙정보부로 향합니다. 김규평은 차를 타고 가는 중

"박 대통령이 저격당하셨다."라고 하면서 사탕 하나를 꺼내 자신이 먼저 먹고, 다른 사탕 한 개를 정승화에게 건네줍니다. 이 장면은 모두 실제 사실로 정승화 육군참모총장의 회고록에 자세히 밝혀져 있습니다. 그는 김재규에게서 건네받은 사탕 속에 혹시 독이 들어있을까 봐 먹지 않고 몰래 차 바닥에 버렸다고 서술했습니다.

10.26사태 직후 육군참모총장을 데리고 남산의 중앙정보부로 향하던 김규평. 하지만 그는 참모총장의 제안에 차를 육군본부로 돌립니다. 영화에서 이 장면의 연출은 유난히 돋보입니다. 앵글을 위에서 아래 방향으로 잡고 차체 전부를 보여줍니다. 이를 부감숏이라고 하는데, 관객이 심판자의 역할을 할 수 있도록 유도하지요. 멈춰선 차 그리고 이어진 정적. 이내 차는 유턴합니다. 그리고 영화는 끝납니다.

순간의 선택이 역사의 흐름을 바꿨습니다. 만일 김재규가 육군본부가 아니라 중앙정보부로 향했다면 상황은 어떻게 달라졌을까요? 김재규는 자신의 안전을 확보하면서 육군참모총장을 인질로 잡고 군부를 제어할 수 있었는데 왜 육군본부로 향하는 패착을 택한 걸까요?

✪ 김재규의 항변

1980년 1월 28일, 대통령 비서실장 김계원을 제외한 10.26사태 가담자 전원에게 사형이 선고됐습니다. 물론 재판 과정에서 논란도 있었습니다. 일부 판사들은 김재규가 내란의 목적이 없었다는 소신을 피력했고, 김재규 자신도 "대통령이 되고 싶다는 욕심은 없었다. 이 시해는 쿠데타가 아니라 유신 독재를 끝내기 위한 의로운 일을 했기에 내 일은 여기까지다. 그래서 자진해서 육군본부로 갔다. 시해를 하기 몇 시간 전에야 부하들에게 결심을 알렸던 것도 그 이유 때문이다."라고 진술했습니다.

실제로 김재규는 거사 전 민주주의 운동의 선봉에 섰던 장준하 측근을 돕고 김대중을 풀어주어서 김영삼과 만나게 하는 등의 행동을 했습니다. 신군부가 김재규 자택에서 압수 수색한 자료를 살펴보면 '민주주의, 자유, 인권'이라고 붓글씨로 쓴 메모가 많이 발견되었습니다. 김재규의 아내도 1979년 10월 24일 남편이 "대의를 따를 것인지, 소의를 따를 것인지."라는 의미심장한 고민을 털어놓았다고 말했습니다.

그렇다면 1946년부터 박정희 대통령과 조선국방경비사관학교 동기생으로 시작하여 약 30여 년을 함께했던 김재규는 그의 주장처럼 민주주의 혁명을 위해 대통령을 시해한 걸까요? 다음은 김재규의 법정 진술 육성 녹음 내용입니다.

> "내 손으로 직접 사람을 죽인 경우는 처음입니다. 지금 생각하니까 참 방법은 이것밖에 없어. 방법은 없어요. 하여간 자유민주주의 회복 안 하려면 몰라도 한다면 이것밖에 방법이, 길이 없어요. 10월 26

일 거사로 인해서 자유민주주의는 회복됐다. 즉 구국을 위한 거사였다는 겁니다."

김재규의 주장을 빌리면 자신은 수만, 수백만을 학살하고자 했던 박정희 대통령의 선택 앞에서 그를 암살하기에 이르렀다는 겁니다.

❂ 우발적 범행 vs 계획적 혁명

하지만 김재규가 박정희 대통령을 시해한 이유를 두고는 아직까지 의견이 분분합니다. 대부분 알려진 정설은 전두환 신군부에 의해 발표된 내용으로, 차지철에 대한 박정희 대통령의 무조건적인 신임과 이로 인한 둘 사이의 갈등 때문에 일어난 우발적 범행이라는 겁니다. 이에 대한 증거로 전두환은 박정희 대통령이 1978년 10월 19일, 김재규에게 위법행위에 대한 경고 친서를 보냈다는 점을 듭니다. 즉, 김재규는 중앙정보부 자리가 위태로워 박정희 대통령을 시해했다는 논리입니다. 또한 김재규가 박정희 대통령보다 차지철을 먼저 저격한 것은 그를 증오했기 때문이라고 설명합니다. 하지만 거사를 위해서는 계획적으로 경호실장을 먼저 저격할 필요가 있었다는 이견도 존재합니다. 이처럼 10.26사태에 대한 해석은 다양해 단정하기 어렵습니다.

이런 논란 속에서 대법원은 김재규에게 내란목적살인 및 내란 수괴미수로 사형을 선고합니다. 재판 과정은 속전속결로 처리되었습니다. 김재규 편에 서서 그를 옹호했던 판사들은 3개월 후 모두 법복을 벗었고, 끝까지 내란죄 성립이 되지 않는다며 주장하고 버텼던 양병호 대법관은 고문까지 받았습니다. 그 후 1980년 5월 24일, 서울구치소에서 김재규의 사형이 집행됩니다.

김재규를 포함한 10.26사태 가담자들의 대법원 확정판결과 처형은 5.18광주민주화운동 기간 동안 모두 이뤄졌습니다. 전두환 신군부는 광주에서 5.18광주민주화운동이 일어나자 김재규 일당이 구심점이 될 수 있다고 우려했고, 그 결과 그들이 세력이 되기 전에 빨리 사형을 집행했다는 주장도 있습니다.

❀ 가로막힌 민주화의 봄

이후 전두환은 10.26사태를 수사하기 위해 설치된 합동수사본부장에 오르면서 두각을 나타냅니다. 전두환을 중심으로 한 신군부 세력은 12.12사태를 일으켜 정승화 육군참모총장을 신속히 체포하고 군부를 장악합니다. 신군부 세력은 국회의사당 폐지로 민주화 여론을 탄압했으며, 계엄군은 5.18광주민주화운동을 무력으로 진압했습니다. 그렇게 전두환을 중심으로 한 신군부 세력이 정권을 차지한 것입니다. 18년 동안 최고 권력을 독

차지했던 박정희 대통령이 시해됐지만 또다시 군부독재가 시작된 것입니다.

영화 마지막 장면에는 전두환이 큰 가방을 가지고 대통령 집무실에 들어가 금고에서 비밀은행 계좌가 적힌 종이와 현금 그리고 금괴를 가지고 빠져나가는 모습이 나옵니다. 전두환의 합동수사본부가 대통령 집무실을 압수수색하면서 박정희 대통령의 비밀 금고를 열어본 것은 실제 사실입니다. 이 과정에서 나온 돈 6억 원을 전두환이 박정희 대통령의 딸 박근혜에게 사적으로 전달한 것도 유명한 일화입니다. 박정희 대통령의 스위스 비자금은 사실 여부와 구체적인 금액을 밝힌 바가 없어 찾아내지 못하고 있습니다만 일부 정보들을 바탕으로 추정해보면 수조 원대인 것으로 알려져 있습니다.

10.26사태 이후에도 민주화의 봄은 오지 않았습니다. 박정희 대통령의 뒤를 이은 전두환 역시 군인 출신이었습니다. 그는 통일주체국민회의에서 단독 후보로 출마하여 대통령으로 당선됩니다. 군부 정권이 또다시 시작된 것입니다.

영화에서 로비스트 데보라 심은 미국에서 박정희 대통령에 대한 반대 여론과 활동을 무마시키기 위해 1970년도부터 매년 100만 달러에 이르는 뇌물을 미 하원의원 전원에게 뿌렸습니다.

"그 녀석들 세상이 언제쯤 끝날까?"

미국 하원 청문회의 증언과 회고록 게재로 난처한 입장에 처한 박용각이 허탈한 표정으로 묻자 그녀는 심드렁하게 말합니다.

"세상이 바뀌겠어? 이름만 바뀌지."

2020년 5월, 40년 만에 김재규 재판 전 과정이 공개됐습니다. 육성 테이프 53개, 시간으로는 128시간 분량의 테이프입니다. 유족들은 "이 테이프의 내용을 들어보니 당시 재판 과정에는 분명한 문제가 있었다."라고 주장하며 재심을 청구했습니다.* 김재규의 진술들이 재판 기록에서 삭제되었다고 주장하는 상황. 과연 진실은 무엇일까요?

⚙ 박정희는 위대한 지도자인가, 독재자인가

사건의 중심에 있었던 대통령 박정희. 영화에서 그는 중차대한 결정을 내릴 상황이 오면 "임자 마음대로 해. 임자 곁에는 내가 있잖아."라는 중의적 표현을 사용합니다. 직접적으로는 동의하지 않으나 암묵적으로는 동의하니 네가 눈치껏 처리하라는 의미일까요? 실제로 박정희는 본인과 가까운 사람을 '임자'라고 지칭했다고 합니다. 그러면 그는 어떻게 최고 권력을 차지하게 되었을까요?

1960년 4.19혁명으로 이승만 독재가 무너지고 민주주의의 새

---

* 〈한국경제〉(2020.05.27), '10.26' 40년 만에 김재규 재심 청구…"내란목적 아니다"'

역사가 열렸습니다. 그 뒤 헌법을 내각책임제*로 바꾸고, 장면 국무총리가 이끄는 민주당 정부가 들어섭니다. 하지만 1960년의 1인당 국민소득은 북한의 3분의 1 수준인 80달러로, 국민 대다수가 빈곤에서 벗어나지 못했습니다.

그런 상황에서 1961년 박정희가 이끄는 군부 세력이 민주당 정부의 무능과 사회 혼란을 구실로 삼아 5.16군사정변을 일으켰습니다. 군부 세력은 정치인의 활동을 금지하고, 지식인과 대학생 그리고 노동조합 지도자를 체포해 권력 기반을 다졌습니다.

1963년 박정희는 군대로 돌아가겠다는 약속을 깬 뒤 군복을 벗고 대통령이 됩니다. 그는 경제를 성장시키려면 민주주의도 희생해야 한다고 주장했습니다. 군사정변을 일으켜 정권을 잡은 박정희 대통령은 정당성이 약했기에 경제성장을 통해 이를 메우려고 했던 겁니다. 국민의 지지를 얻어내는 수단으로 경제성장을 택한 거지요. 마침 미국도 박정희 정부에게 권력을 유지하려면 일본과 손을 잡으라는 요구를 했습니다. 이에 박정희 정부는 이승만 정부와 달리 대일 관계 개선에 적극적인 태도를 취했습니다.

박정희 정부는 일본에 일제강점기 때 수탈해간 인적 물적 자원의 보상을 요구합니다. 그러자 일본은 우리나라에 남기고 떠난 일본인들의 재산에 대한 보상을 요구했지요. 결국 일본이 우

---

* 국회의 다수당이 국무총리와 장관 등 내각을 구성하는 정부 형태

리나라에 대한 청구권을 포기하는 대신 5억 달러라는 '독립 축하 금' 명목의 유·무상 경제협력 자금을 우리나라에 제공하기로 하고 협상을 타결합니다. 이렇게 1965년 6월에 한일협정이 체결되고 우리나라는 해방된 지 20년 만에 일본과 국교를 수립합니다.

박정희 정부가 경제를 성장시킬 수 있었던 밑거름에는 한일협정 때 들어온 자금이 있었습니다. 또 의류와 신발 등 값싼 제품을 만들어 외국에 수출하는 방식으로 경제를 성장시켰습니다. 그런데 값싼 제품을 만들려면 노동자의 임금과 농산물 가격을 낮춰야만 했습니다. 그 결과 경제가 성장하고 기업은 돈을 벌었지만 노동자와 농민의 생활은 어려웠습니다.

1970년 전태일의 분신은 이러한 상황을 상징적으로 보여준 사건입니다. 전태일은 스물두 살의 의류공장 노동자였는데 자기 몸에 휘발유를 끼얹고 불을 지른 뒤 "우리는 기계가 아니다!"라고 외치며 죽었습니다.

따라서 박정희 대통령은 우리나라의 경제를 성장시킨 위대한 지도자로 평가를 받기도 하지만 민주주의를 짓밟은 독재자로 평가하기도 합니다.

먼저 박정희 대통령에 대한 긍정적인 평가는 주로 경제를 성장시켜 빈곤을 극복했다는 점입니다. 1960년대 초만 해도 대다수 국민이 끼니를 굶을 만큼 가난했습니다. 그런데 경제를 성장시켜 '한강의 기적'을 이룩했지요. 북한과의 체제 경쟁에서 우위를 차지해 국가의 안보를 튼튼히 한 점도 긍정적 평가를 뒷받침

하고 있습니다. 우리나라는 고도성장을 이뤄 1974년을 기점으로 1인당 국민소득이 북한을 앞질렀습니다. 이는 우월한 경제력을 바탕으로 북한의 남침 야욕을 좌절시켰다는 결과를 가져왔다고 평가되고 있습니다.

반대로 부정적인 평가는 박정희 대통령이 독재정치를 했다는 점입니다. 권력욕을 충족하기 위해 군사정변을 일으켜 헌정 질서를 어지럽혔고, 절대권력을 행사하며 삼권분립의 원칙을 파괴했다는 주장입니다. 또 국민의 자유와 권리, 인권을 억압했다는 비판도 받고 있습니다. 박정희 대통령은 정권을 잡은 후 반대 세력을 가혹하게 탄압했으며 표현의 자유와 시위 그리고 집회의 자유를 짓밟았습니다. 고문을 통해 애꿎은 시민들을 간첩으로 몰아 감옥에 가두거나 생명을 빼앗기도 했지요. 불균형 성장으로 빈부 격차를 심화시킨 점 또한 부정적 평가를 뒷받침하고 있습니다. 재벌에게 특혜를 주는 방식으로 경제정책을 펴는 바람에 노동자와 농민들이 빈곤으로 고통을 받게 한 점도 부정할 수 없습니다. 박정희, 그는 위대한 지도자일까요? 아니면 독재자일까요?

효자동 이발사

감독: 임찬상 | 개봉: 2004년 | 등급: 15세 관람가

나라가 하는 일은 항상 옳다고 생각하는 성한모. 간첩을 신고했을 뿐인데 그의 아들이 간첩으로 몰립니다. 청와대가 '경무대'라는 이름으로 불리던 시절, 소시민이었던 성한모가 청와대 이발사가 되면서 벌어지는 가슴 아픈 이야기입니다.

그때 그 사람들

감독: 임상수 | 개봉: 2005년 | 등급: 15세 관람가

10.26사태를 다룬 블랙 코미디 영화로, 세 장면을 삭제하라는 법원의 판결을 받았습니다. 10.26사태를 우발적 사고로 바라보고 있는 이 영화를 통해 김재규의 삶을 또 다른 관점에서 볼 수 있습니다.

미스 프레지던트

감독: 김재환 | 개봉: 2017년 | 등급: 12세 관람가

가난을 벗어나게 해줬다는 이유만으로 박정희, 박근혜 부녀에게 대를 이어 추종하는 사람들. 그들의 삶은 여전히 진행 중입니다. 제목 <미스 프레지던트>의 '미스'는 미혼여성을 뜻하는 'Miss'가 아니라 '잘못됐다. 나쁘게 됐다'라는 의미를 가진 접두사 'mis'입니다.

1

난이도★★ 중등 국어

박정희 대통령은 중차대한 결정을 내릴 상황이 오면 "임자 마음대로 해. 임자 곁에는 내가 있잖아."라는 표현을 사용했다고 합니다. '임자'라는 단어의 뜻은 친한 사람 사이에 '자네'라는 뜻으로, 조금 높여 가리키는 말입니다. 박정희 대통령은 왜 직설적으로 명령을 내리지 않고 이렇게 중의적 표현을 써서 말했는지 생각해봅시다.

2

난이도 ★★ 중등 국어

경호실장 곽상천은 박정희 대통령에 대한 충성심으로 "각하가 곧 국가야."라는 주장을 합니다. 이 말이 내포하는 의미는 무엇일까요? 나아가 이 말이 범하고 있는 오류는 무엇인지 생각해봅시다.

3

난이도 ★★★ 중등 역사

10.26사태는 김재규와 차지철 권력 다툼에서 비롯된 김재규의 우발적 범행이었다는 시각과 김재규가 민주주의를 앞당겼다는 시각이 존재합니다. 나의 견해는 어떤 입장에 더 가까운지 토론해봅시다.

4

1979년 10.26사태는 역사적으로 매우 큰 사건입니다. 이 사건이 지금 우리에게 던져주는 메시지는 무엇인지 생각해봅시다.

5

10.26사태의 중심에 있던 박정희 대통령. 그는 위대한 지도자일까요? 아니면 독재자일까요? 내 생각을 자유롭게 서술해봅시다.

택시운전사

너무나 나약했지만, 너무나 정의로웠던

1980년 5월, 광주로 간 택시운전사

감독: 장훈 | 개봉: 2017년 8월 | 등급: 15세 관람가

❖ ❖ ❖

전두환의 신군부 세력은 비상계엄을 전국으로 확대하고, 광주에는 공수특전단을 보내 작전명 '화려한 휴가'를 실행에 옮겼습니다. 유신헌법의 철폐, 전두환 퇴진, 김대중 석방을 외치는 시민들을 곤봉으로 내려치고, 대검으로 베고, 끝내는 총으로 쏘아 잔인하게 학살한 것입니다. 하지만 그런 사실은 언론에 제대로 보도되지 못했고 광주 시민들은 폭도로 몰린 채 스스로 무장하여 계엄군에 대항하다가 목숨을 잃었습니다. 광주의 진실이 제대로 알려진 것은 한참 뒤였습니다. 민주화를 위해 싸웠던 이때를

'5.18광주민주화운동'이라 부릅니다. 이 영화는 1980년 5월, 광주에서 자행됐던 인권 말살의 현장을 고발합니다.

택시 운전을 하며 평범하게 살아가는 소시민 김만섭은 아내를 잃고 홀로 딸을 키우고 있지만 애지중지 아끼는 딸에게 변변찮은 신발 한 켤레 사주지 못하는 형편입니다. 물론 월세도 밀렸습니다. 그렇게 딸 하나만 바라보며 열심히 살아가던 그는 우연히 기사식당에서 외국인 손님을 태우고 전라도 광주에 갔다가 통금 전에 돌아오면 10만 원을 받을 수 있다는 말을 듣습니다.

그는 돈이 필요했습니다. 그 돈이면 딸의 새 운동화도 살 수 있고, 밀린 월세도 갚을 수 있습니다. 그는 서둘러 달려가 외국인 손님을 가로챕니다. 1980년 당시 공립대학교 등록금이 10만 6,000원 정도였으니 10만 원은 지금의 시세로 200~300만 원 정도 됩니다.

김만섭의 택시에 탄 외국인은 독일인 기자 피터입니다. 그를 태우고 도착한 광주는 외부로 나가는 모든 길이 통제된 상태로 검문을 통과해야만 했습니다. 겁먹은 김만섭은 이내 차를 서울로 돌리려 합니다. 그런데 10만 원을 포기할 수 없습니다. 그는 어쩔 수 없이 광주의 한복판으로 들어갑니다.

광주에서 김만섭은 대학생 구재식과 택시기사 황태술을 만납니다. 광주 사람들은 피터를 환영합니다. 그에게 세상에 진실을 알려달라고 부탁합니다. 권력기관에 영합한 어용 언론인들이 사실 보도를 막고 있었기 때문입니다. 피터는 열심히 취재합니다.

광주 시내는 처참합니다. 거리는 황량했고 고요한 정적만 흘

너무나 나약했지만, 너무나 정의로웠던 〈택시운전사〉

렸습니다. 마치 전쟁터 같습니다. 주위를 둘러보는 김만섭. 길거리는 온통 최루탄 가스로 뿌옇습니다. 잿빛이었던 도시는 저녁이 되면 화염에 뒤덮입니다.

김만섭이 피터와 광주에 들어온 날은 5월 20일로, 5.18광주민주화운동이 일어난 지 이틀 뒤입니다. 그는 어제까지도 서울에서 즐거운 일상을 보냈습니다. 애지중지 아끼는 1973년식 낡은 녹색 '브리사' 택시를 수리하며 딸과 이야기를 나누었습니다. 그런데 광주는 난리였던 겁니다. 시민들이 계엄군에 의해 목숨을 잃고 공수부대에 의해 처절하게 인권이 말살되고 있었습니다.

✵ 모르겠어라, 우덜도. 우덜한테 와 그라는지

광주기독병원 응급실에는 피를 쏟는 사람들로 넘쳐납니다. 김만섭과 피터는 금남로에서 시위 현장도 목격합니다. 계엄군의 폭력은 잔인했고 짓밟히는 자들은 무력했습니다. 김만섭은 점점 두려워집니다. 죽음의 공포가 엄습합니다. 광주를 떠나고 싶습니다.

그러나 택시가 고장 나서 얼른 서울로 돌아가지 못하고, 잔인한 참상을 그대로 목격합니다. 광주MBC가 불타는 것을 보다가 사복 군인들에게 쫓기고, 구타를 당하기도 합니다. 그렇게 죽을 위기를 여러 번 넘깁니다. 그러다 피터를 서울로 데려가겠다는 약속을 지키지 못하고 딸을 만나러 혼자 서울로 올라갑니다.

아시아 특파원,
위르겐 힌츠페터
금방 찾을 수
있을 겁니다.

　광주 시민들이 느꼈을 공포를 알게 된 김만섭. 혼자 광주를 빠져나오면서 고뇌하지만 차는 그대로 서울을 향합니다. 가는 길에 잠깐 들른 순천에서 광주의 택시기사들이 급하게 수리해준 자신의 차를 정비하고 딸에게 줄 구두도 삽니다. 그런데 순천은 평화롭고, 활기차고, 밝았습니다. 바로 옆 도시 광주는 아수라장인데 말입니다. 김만섭은 입에 국수를 욱여넣습니다. 광주의 실상을 전하는 왜곡된 뉴스를 봅니다. 뉴스 속 광주 시민들은 폭도이며 공산주의 주장을 받아들이거나 그 정책에 동조하는 용공분자들입니다. 순간 광주에 피터를 혼자 두고 왔다는 미안함과 하나뿐인 딸의 얼굴이 아른거립니다.

❀ 아빠가 손님을 두고 왔어

순천에서 서울로 돌아가는 길, '제3한강교' 노래를 흥얼거리던 김만섭은 복잡한 감정에 갑자기 흐르는 눈물을 주체할 수 없습니다. 그는 피터를 광주에 두고 혼자만 서울로 갈 수 없었습니다. 자신과 상관없는 사람들인데도 책임감이 느껴졌습니다.

광주로 돌아온 김만섭은 구재식이 싸늘한 시체가 되어 쓰러져 있는 응급실 바닥에 넋 놓고 앉아있는 피터와 재회합니다. 피가 묻은 채 병원 바닥에 널브러져 있던 신발을 찾아 구재식의 발에 신겨주는 김만섭. 이때부터 그는 애지중지했던 자신의 택시를 광주 시민을 살리는 데 내어줍니다.

전남도청 앞에서는 학살이 시작됩니다. 시위대를 향해 무차별 발포하는 계엄군과 그들이 쏜 총알에 맞아 목숨을 잃는 시민들. 김만섭과 피터는 광주에서 황태술이 자신의 택시에서 떼어준 전남 번호판을 달고 마지막 탈출을 감행합니다. 군인들이 서울 택시를 다 잡아들였기 때문입니다. 광주의 진실이 외부에 알려지는 것을 차단하기 위해 신군부 세력의 감시는 철저했습니다.

택시가 마지막 검문소 앞에 다다릅니다. 장전된 총을 들고 검문을 시작하는 군인들. 이때 검문소 중사가 나타나 김만섭과 피터를 택시에서 내리게 합니다. 그리고 트렁크를 열게 합니다. 트렁크 안에는 석가탄신일에 쓰는 초와 등이 가득합니다.

"외국 손님 기념품이랍니다. 석가탄신일이라고……."

김만섭의 말을 듣지 않은 채 중사가 그것들을 들춥니다. 이때 서울 번호판이 보입니다. 그런데 중사는 그것을 보고도 그냥 보내주라고 명령합니다.

"보내줘. 기자도 아니고 서울 택시도 아닌데. 보내, 보내라고!"

이때 본부에서 연락이 오고 김만섭은 도망칩니다. 떠나는 택시의 뒷모습을 물끄러미 바라보던 중사. 군인 신분이었던 그는 군에서 큰 징계를 받았을 겁니다. 이 장면은 실제 상황과 같습니다. 위르겐 힌츠페터 기자도 이후에 이 중사를 다시 만나지 못했습니다. 그가 택시를 그냥 보내지 않았다면 역사는 어떻게 바뀌었을까요? 한 사람의 선택이 역사의 물줄기를 바꿉니다.

검문소는 무사히 통과했지만 그들을 끈질기게 쫓았던 사복 조장이 총을 쏘며 추격합니다. 그들이 탄 검은색 지프 세 대가 택시를 에워쌉니다. 이때 갑자기 초록색 택시들이 나타납니다. 앞에 있는 택시들을 밀어버리라고 명령하는 사복 조장. 쫓아오던 지프가 택시를 사정없이 받아버립니다. 뒤에서 치받친 택시들은 그래도 앞으로 나아갑니다. 총을 쏘며 계속 쫓아오는 지프들. 바퀴에 총알이 박힌 택시들이 하나둘씩 전복됩니다. 그런데도 택시기사들은 포기하지 않고 앞으로 또 앞으로 나아갑니다. 드디어 지프도 전복됩니다. 끝까지 김만섭의 택시를 호위해주는 황태술. 그는 계속 달리며 열린 창문으로 외칩니다.

"조심해서 가시오잉. 여기 걱정하지 마시고."

추격하는 장면이 과하다는 비판도 있습니다. 그 당시 광주는 모든 길이 막혀있었는데 어떻게 기사들이 택시를 몇 대씩 몰고 광주를 빠져나올 수 있었겠냐며 개연성이 떨어진다고 말합니다. 하지만 영화는 1980년 5월 20일 그날의 광주를 책임감 있게 충실히 담아내고자 노력했습니다.

☢ 그날의 광주와 그날의 김만섭

그 시절 광주의 모습을 처절하게 재현한 영화 속 계엄군의 폭력은 너무나 차갑습니다. 항쟁 장면은 눈물이 날만큼 생생합니다. 아수라장인 광주와 평화로운 다른 도시들의 대비는 비극을 극대화합니다. 광주 시민들이 계엄군의 총칼에 죽임을 당하고 있던 그날도 우리는 웃고, 떠들고, 먹고, 마시며 일상을 즐겼습니다. 광주에서 어떤 일이 일어나고 있는지 몰랐다는 이유로 그날의 책임에서 벗어날 수는 없습니다. 영화는 이런 우리의 미안함을 고증을 통해 재현함으로써 용서를 구하는지도 모르겠습니다.

자신의 안위가 우선이었던 김만섭이 서서히 변해가는 과정도 눈여겨볼 만합니다. 처음에 그는 데모하는 학생들을 향해 이렇게 말했습니다.

"저런 것들은 잡아다가 사우디로 보내야 한다니까."

계엄령이 선포됐다는 뉴스를 듣고도 이렇게 말했습니다.

"이거, 이거 이러다가 손님 또 뚝 끊기는 거 아니야, 이거?"

광주에서는 데모 현장에 뛰어들려고 하는 구재식에게도 이렇게 말했습니다.

"학생이 지금 내려간다고 뭐가 달라져?"

먹고사는 일에만 관심이 있었던 김만섭은 마치 〈1987〉의 연희와도 닮았습니다. 그런데 오로지 택시비에만 관심 있었던 그가 구재식의 죽음을 목격한 뒤 변합니다. 광주 시민의 처절한 외침에 동반자로 응답합니다. 마치 민주화를 요구하는 물결에 전혀 관심이 없었던 연희가 이한열이 죽자 차 벽에 올라가 "독재 타도!"를 외쳤던 모습과 닮았습니다.

김만섭의 내면 변화를 따라가다 보면 그가 가족에 대한 책임감 때문에 피터를 광주에 혼자 두고 올 수밖에 없었던 상황이 공감됩니다. 급박한 상황 속에서 혼자라도 광주를 빠져나가고 싶었던 그의 읊조림이 이해됩니다.

"우리 딸에게는 나밖에 없잖습니까!"

김만섭의 이 읊조림은 피터에게 하는 걸까요? 아니면 스스로에게 하는 변명일까요? 역사의 소용돌이 앞에서 개인은 무기력하고 나약합니다. 그러나 반대로 또 얼마나 정의로울 수 있는지 이 영화 속 인물들이 보여줍니다.

✺ 김사복과 위르겐 힌츠페터

영화 속 주인공인 택시운전사 김만섭의 실제 주인공 이름은 김사복입니다. 자신이 그의 아들이라고 주장하는 인물이 나타났습니다. 영화 속 피터라고 불린 독일인 기자 위르겐 힌츠페터는 1980년 5월 20일 목숨을 걸고 광주에 들어와 계엄군에 의한 참사 현장을 기록하고 독일 본사로 보내 광주의 비극을 전 세계에 알린 인물입니다. 그는 생전에 자신이 죽으면 광주에 묻어달라는 유언을 남겼습니다. 2016년 5월, 그의 머리카락과 손톱 등의 유품이 국립5.18민주묘지에 안치됐습니다.

영화에서는 피터와 김만섭만 광주로 갔다는 설정이지만 실제로는 그들과 함께한 또 다른 기자가 있었습니다. '헤닝 루모어'라는 녹음 담당 기자입니다. 그들이 목숨을 걸고 지켜낸 필름들이 있었기에 5.18광주민주화운동의 실체가 밝혀질 수 있었습니다.

우리나라의 근현대사는 격동의 시기였습니다. 식민 지배를 겪고 해방이 되기 무섭게 전쟁이 벌어졌습니다. 그 후 4.19혁명을 맞이하고, 군부독재에 대통령 암살, 신군부, 5.18광주민주화운동, 6월항쟁에 이르기까지 역사의 소용돌이는 이어졌습니다.

1980년 5월, 그날의 광주는 군부가 도시 하나를 고립시켜놓고 시민들을 막무가내로 학살한 비극의 절정입니다. 5.18광주민주화운동은 그동안 많은 영화와 TV 드라마를 통해 크고 작게 조명되었습니다.

화려한 휴가

감독: 김지훈 | 개봉: 2007년 | 등급: 12세 관람가

5.18광주민주화운동을 정식으로 다룬 첫 번째 영화로, 그날의 작전명이 '화려한 휴가'였습니다. 영화는 평범한 시민들이 그들의 터전 광주와 사랑하는 사람을 지키기 위해 계엄군과 맞서는 열흘간의 이야기를 다루고 있습니다. 1980년 5월 18일, 광주에 살았던 당사자가 바라보는 그날의 참상이 관객에게 울림을 줍니다.

5.18 힌츠페터 스토리

감독: 장영주 | 개봉: 2018년 | 등급: 12세 관람가

5.18광주민주화운동 38주년을 맞아 개봉한 영화로, 〈택시운전사〉에 나오는 기자 위르겐 힌츠페터의 이야기를 담은 다큐멘터리입니다. 지금까지 공개되지 않았던 1980년 5월 광주의 진실을 담아내고 있다는 평가를 받고 있는 이 영화는 위르겐 힌츠페터가 직접 촬영한 미공개 영상과 함께 당시의 5.18광주민주화운동을 세계에 알리는 과정을 담고 있습니다.

1

난이도 ★★ 중등 국어

김만섭은 서울에서 대학생들이 데모하는 모습을 보면 시위를 왜 하는지 모르겠다고 투덜댔습니다. 대학생들의 시위가 영업에 방해가 될까 봐 전전긍긍했고요. 이렇게 먹고사는 데에만 급급했던 그가 1980년 5월, 전쟁터와 같았던 그날 광주의 참상 속에서 자신이 그토록 아끼던 택시를 광주 시민들의 목숨을 살리는 데 내놓습니다. 그리고 독일인 기자 피터가 광주를 탈출할 수 있도록 끝까지 도와줍니다. 그를 변화시킬 수 있었던 힘은 무엇인지 생각해봅시다.

2

난이도 ★ 중등 국어

마지막 검문소에서 김만섭과 피터를 보내준 중사. 군인 신분이었던 그가 상부의 명령을 거역하기는 쉽지 않았을 텐데요. 그는 왜 서울 번호판을 발견하고도 그들을 그냥 보내줬는지 내가 그 중사였다고 가정하고 이야기해봅시다.

3

난이도 ★ 중등 국어

영화의 제목을 〈택시운전사〉로 정한 이유에 대해 생각해봅시다.

4

광주 시민들을 폭도로 몰아 학살을 자행했던 전두환 신군부 세력들은 언론을 검열하고 통제했습니다. 독재자 히틀러도 언론을 장악하고 이용했습니다. 그들이 언론을 통제하고 감시하는 까닭을 생각해봅시다.

5

문재인 대통령과 영화를 같이 관람했던 위르겐 힌츠페터의 부인 에델트라우트 브람슈테트 여사는 "앞으로도 젊은이들이 민주주의란 저절로 얻어지는 것이 아니라는 걸 깨달았으면 좋겠다."라는 소감을 밝혔습니다. 민주주의가 잘 이루어지고 발전하기 위해서 어떤 노력을 기울여야 하는지 논술해봅시다.

1987

1987년, 6월의 깃발 속으로

감독: 장준환 | 개봉: 2017년 12월 | 등급: 15세 관람가

❀ ❀ ❀

박종철고문치사사건을 바탕으로 한 이 영화를 보면 1987년 뜨거웠던 6월항쟁의 흐름을 알 수 있습니다. 6월항쟁은 1979년 12.12사태로 정권을 잡은 전두환 군사정권의 장기집권을 저지하기 위해 일어난 범국민적 민주화운동입니다. 비민주적이었던 간선제를 대통령직선제로 개헌하는 계기를 마련했다는 점에서 민주주의 역사에서 큰 의미를 남긴 사건입니다.

이 영화의 초반 주요 무대가 되는 장면은 실제로 남영동 대공분실에서 촬영했습니다. 1980년에 수많은 고문이 자행된 장소로, 인권이 유린당한 이곳은 현재 경찰청인권보호센터로 보존되어 당시의 행각들을 반성하는 역사의 장으로 활용되고 있습니다. 그러면 민주화 투쟁, 그 과정 속으로 들어가볼까요?

⊛ 책상을 탁! 치니 억! 하고 죽었습니다.

1987년 1월 17일, 강민창 치안본부장은 아래와 같은 입장문을 발표합니다.

> 1월 14일 오전 8시 10분경 서울 관악구 신림동 하숙방에서 연행하여 오전 9시 16분경 조반으로 밥과 콩나물국을 주니까 밥맛이 없다고 냉수나 달라고 하여 냉수를 몇 컵 마신 후 10시 51분경부터 심문을 시작, 박종운 군 소재를 묻던 중 갑자기 '억' 소리를 지르면서 쓰러져 중앙대부속병원으로 옮겼으나 12시경 사망하였음.

탁하고 치니 억하고 죽었다는 정부의 납득할 수 없는 발표는 많은 사람의 비웃음을 샀고 고문에 대한 의혹은 점점 커져만 갔습니다. 이런 상황에서 맨 처음 박종철의 시체를 검안했던 의사 오연상의 의견이 신문에 보도됩니다.

> 14일 낮 12시쯤 공안 사건과 관련, 치안본부 대공 수사단에 연행돼 조
> 사를 받던 서울대생 박종철 군(21·언어3)이 쓰러져 병원에 옮겨졌으나
> 숨졌다. 경찰은 박 군의 사인을 일단 쇼크사로 검찰에 보고했으나 검
> 찰은 박 군이 경찰의 조사 과정에서 가혹 행위로 숨졌을 가능성에 대
> 해서 자체 수사를 펴고 있다.*

경찰 조사를 받던 스물두 살의 대학생이 사망했습니다. 사람들은 박종철의 죽음이 고문에 의한 것임을 확신합니다. 파문은 일파만파로 퍼져 나갔고, 언론은 연일 고문치사사건에 대한 이야기로 떠들썩했습니다. 결국 정부는 고문치사를 인정하고 고문에 가담한 경찰관 두 명을 처벌했습니다. 하지만 끝까지 그들의 신분을 숨기기 위해 안간힘을 썼습니다.

영화 속 박 처장은 박종철이 물고문을 받다가 죽었다는 보고를 받자 그저 보따리 하나 터진 거에 불과하다고 치부합니다. 대통령직선제를 부르짖는 사람 모두를 공산당으로 규정하고 전부 옥에 가두겠다며 언성을 높입니다. 자신이 나라를 지켜냈다면서 자신을 방해하는 사람은 무조건 빨갱이로 간주하겠다며 윽박지릅니다.

박 처장이 공산당이라면 치를 떠는 데는 사연이 있습니다. 자신의 아버지가 거둬서 공부 가르치고 결혼까지 시켜준 인물이

---

* 〈경향신문〉(1987.01.16)

김일성의 편에 섰고, 그 후 인민부대를 끌고 와서 자신의 가족을 모두 죽인 것입니다. 심지어 총알이 아깝다며 죽창으로 가슴을 찔러 죽였습니다. 그는 이 참혹한 광경을 마루 밑에 숨어서다 지켜봤습니다.

영화는 박 처장의 과거 행적을 통해 피의자를 영장도 없이 구속하고 고문까지 자행하는 행동에 당위성을 부여하려 합니다. 결과에는 원인이 있으니까요. 하지만 어떠한 이유로도 박 처장의 행동은 정당화될 수 없습니다. 선량한 시민을 간첩으로 몰아남은 삶을 송두리째 앗아가기 때문입니다.

박 처장은 실존 인물로 당시 치안본부 5차장 박처원입니다. 그

1987년, 6월의 깃발 속으로 〈1987〉

는 공안경찰의 대부로 알려져 있으며*, 1996년 박종철고문치사 사건 당시 사건을 축소·은폐한 혐의로 징역 1년 6월, 집행유예 3년을 선고받았습니다.

🎞 받들겠습니다

조 반장은 상부의 지시를 맹목적으로 따르는 인물로, 상부의 조건을 믿고 무조건 복종해 고문치사의 죄를 혼자 짊어집니다. 하지만 그는 상부의 약속과는 다르게 가혹행위죄로 체포되고 청와대의 지시로 박 처장과 함께 구속됩니다.

그는 박 처장이 명령을 내리면 허리를 꼿꼿이 곧추세우고 "받들겠습니다."라고 말합니다. 나중에는 자신이 이용당했다는 사실을 알고 진실을 밝히려 하지만 박 처장이 그의 가족들을 가만두지 않겠다고 협박하자 배신당했다는 억울함에 절규합니다.

조 반장을 보면 1961년 이스라엘 예루살렘 법정에 선 독일군 장교 아돌프 아이히만이 생각납니다. 그는 가스실이 장착된 열차를 만들어 수백만 명의 유대인을 죽음으로 내몰았던 인물입니다. 그는 온 세계가 지켜보는 가운데 자신은 그저 상부의 지시를

---

* 〈아시아경제〉(2018.01.04), '영화 〈1987〉 실존 인물 박처원 "빨갱이 수천 명 잡아넣고 골로 가게 만들었다"'

잘 따랐을 뿐이라고 주장합니다. 자신이 오로지 관심 있었던 건 맡은 일을 잘하는 것뿐이기에 죄를 인정하지 못하겠다고 합니다. 그저 시키는 것을 그대로 실천한 관리였을 뿐이라는 거지요.

하지만 철학자 한나 아렌트는 그가 명백히 유죄인 이유가 '아무 생각이 없었기 때문'이라고 지적했습니다. 그녀는 자신의 저서 《예루살렘의 아이히만》에서 "다른 사람의 처지를 생각할 줄 모르는 생각의 무능은 말하기의 무능을 낳고, 행동의 무능을 낳는다."라고 적시했습니다. 옳고 그름을 가리지 않고 무조건 상부의 명령에, 국가의 뜻에 따르는 행동이 올바른가에 대해 고민해보아야 합니다.

조 반장 또한 실존 인물로 당시 대공 수사 5과장 유정방과 5과 2계장 박원택을 합친 인물입니다. 그들은 박종철고문치사사건에 가담한 죄로 징역 1년, 집행유예 2년이 각각 선고되었습니다.

✪ 야! 그럼, 사람이 억울하게 죽었는데 가만있어!

한병용은 그 당시 영등포교도소 교도관이었던 실존 인물 한재동과 전병용을 합친 인물입니다. 영화에서 한병용은 교도관 노조 설립을 주도해 파면된 후 복직된 영등포교도소 교도관으로, 수감 중인 민주화운동 인사와 도피 중인 재야인사 사이의 비밀 서신 배달을 도맡고 있는 인물입니다. 장가 안 간다고 타박

하는 잔소리꾼 누나와 조카 연희와 함께 살고 있지요. 그는 사건의 진상을 알리는 중요한 편지를 전하기 위해 위험을 무릅쓰고 직접 나섭니다.

실존 인물인 한재동은 감옥에 투옥된 재야인사 이부영에게서 받은 편지를 함세웅 신부에게 전달해 박종철고문치사사건이 세상에 드러날 수 있도록 한 장본인입니다. 그는 젊은 교도관들과 논의해 구속된 학생들과 재야인사를 돕는 길을 모색했으며 1976년 3.1민주구국선언으로 수감된 김대중, 함세웅, 문정현 등을 알게 모르게 도왔습니다.

영화에서 한병용은 박 처장 부하들에게 잡혀 남영동 대공분실에서 심한 고문을 받습니다. 모진 고통 속에서도 재야인사 김정남의 소재를 밝히지 않았던 그도 가족들까지 가만두지 않겠다고 위협받자 결국 김정남의 소재지를 발설합니다. 실제로 한병용과 전병용은 교정 당국에 눈엣가시였기에 인사에서 여러 가지 불이익을 당했습니다.*

영화에서 주목할 점은 박 처장의 부하 조 반장 그리고 교도관 한병용도 가족이 당할 위험 앞에서는 신념을 무너뜨린다는 사실입니다. 가장으로서 가족은 아킬레스건입니다. 내가 만약 그들의 입장이었다면 어떤 선택을 했을까요? 시대의 아픔이 고스란히 전해집니다.

------

* 〈시사인〉(2018.07.16), '1987 비둘기 날린 어느 민주 교도관'

> "정황상 고문치사가 확실해요. 모양새 좋게 갑시다. 법대로!" (서울지
> 검 최환 검사)
>
> "사실 확인 좀 합시다. 가만히 있어?" (사회부 윤상삼 기자)
>
> "우리한테 남은 마지막 무기는 진실뿐입니다." (재야인사 김정남)

　이들도 모두 실존 인물입니다. 최환 검사, 고 윤상삼 기자 그
리고 재야인사 김정남입니다. 최환 검사는 박종철고문치사사건
뿐만 아니라 1995년 전두환, 노태우를 구속한 인물입니다. 고
윤상삼 기자는 1987년 1월, 남영동 대공분실에서 숨진 서울대
생 박종철의 사인이 물고문이란 걸 처음 보도한 동아일보 기자
입니다. 김정남은 1964년 6.3항쟁의 배후로 지목되어 옥살이했
고, 1987년 6월항쟁 때까지 30년 가까운 세월을 수배, 도피, 투
옥을 반복했습니다.

　진실이 세상에 알려지기까지 이렇게 여러 사람의 도움이 있었
습니다. 정의를 구현하는 일은 혼자서는 해낼 수 없습니다.

� 그런다고 세상이 바뀌어요? 가족들 생각은 안 해요?

　87학번 신입생 연희는 가상의 인물로, 사건의 진실을 밝히는
데 깊숙이 개입하는 인물입니다. 그녀는 아무것도 할 수 없는 현
실에 눈물만 뚝뚝 흘리던 시대의 아픔이며 나아가 역사를 바꾼

수많은 이름 없는 자들의 대변인이기도 합니다.

　박종철고문치사사건이 수면 아래로 내려갈 즈음 경찰이 쏜 최루탄을 머리에 맞고 피 흘리는 이한열의 사진이 신문에 보도됩니다. 연희도 그 신문을 봅니다. 여러 번 자신을 위기에서 구해줬던 이한열의 얼굴에서 흐르는 피. 연희는 데모 현장 가운데로 뛰어듭니다. 그리고 서 있던 버스에 올라 울음을 터트리며 독재 타도를 외칩니다.

　영화에서 연희 역의 실제 인물이자 이한열의 운동화를 주운 장본인은 YMCA 사무총장 이정희입니다. 그녀는 "이한열과 잘 아는 사람은 아니었다. (이한열이) 2년 후배다."라며 영화와는 다른 부분을 소개하며 이한열사망사건에 대해 "굉장히 격렬하게 싸웠다. 학교 밖을 나가는데 경찰이 조준사격을 했다."라며 당시를 회상했습니다. 또한 "신발을 줘야 하니까 병원까지 따라갔다. 퇴원하게 되면 신어야 하니까."라며 "그 애가 한 달 동안 사경을 헤맬 때는 늘 기도했다."라고 전했습니다.*

영화에서 연희는 그녀의 삼촌인 한병용에게 되묻습니다.

"그런다고 세상이 바뀌냐?"

이 물음에 우리는 어떤 대답을 할 수 있을까요?

✪ 1987년, 6월의 깃발 속으로

그날의 역사 속으로 더 들어가봅니다.

전두환은 박정희 대통령처럼 군인 출신으로, 10.26사태의 조사를 담당한 합동수사본부장이었습니다. 그는 1979년 12월 12일, 이 사건을 조사한다는 구실로 정승화 육군참모총장을 불법 연행한 후 군대를 이용해 권력을 장악한 12.12사태를 일으켰습니다. 그리고 통일주체국민회의에서 단독 후보로 출마해 대통령에 당선됐습니다. 바로 제5공화국 정부가 들어선 것입니다. 헌법이 바뀌었지만 박정희 대통령 다음에도 역시 군부 정권이 탄

---

* 〈뉴스24〉(2020.09.02), '영화 〈1987〉 김태리 실제 인물 이정희, "이한열과 친한 사이 아냐"

생한 것이죠.

제5공화국 정부는 겉으로만 타협적이거나 소극적인 태도를 취하는 유화정책을 내세웠을 뿐 인권을 유린하고 폭력적인 행정을 이어갔습니다. 언론을 통폐합하여 정부의 입장만 대변하고 국민들에게 진실을 말하지 않는 언론으로 길들였습니다.

이런 폭압 정치에 맞섰던 수많은 시민은 남영동 대공분실에 끌려가서 비인간적인 대우 속에서 죽거나 나와서는 고문으로 인한 후유증을 앓았습니다. 이런 고통 속에서 운명의 1987년 새해가 밝았습니다.

박종철고문치사사건에 이어 이한열사망사건이 1987년 6월 9일에 발생합니다. 그 당시 이한열을 비롯한 연세대학교 학생 2,000여 명은 국민운동본부가 주최하는 6.10대회에 참가하기 위해 연세대 궐기대회를 열었습니다.

오후 5시, 교내 궐기대회를 마치고 교문 밖으로 행진하려던 행렬 맨 앞에는 이한열을 비롯한 학생들이 있었습니다. 무장경찰들은 학생들의 행렬을 막고 최루탄을 마구 쏘아댔습니다. 앞을 분간하기 어려울 정도로 최루탄 연기가 가득한 그때, 한 학생이 쓰러졌습니다. 바로 이한열이었습니다. 쓰러진 이한열은 연세세브란스병원 응급실로 옮겨졌으나 이내 정신을 잃고 혼수상태에 빠집니다. 이 사실이 많은 사람에게 알려지면서 정권에 대한 분노와 저항은 더욱 거세졌습니다.

국민운동본부의 제안에 호응하여 오후 6시부터 대한성공회

성당 종탑 스피커에서 애국가가 울려 퍼지고 성당의 종이 42번 울리며 시작된 시위는 이전과는 달리 일반 시민들이 적극적으로 참여하면서 새로운 양상을 보였습니다. 차들이 경적을 울리고 시민들은 손수건을 흔들며 시위대를 응원했습니다. 시위에 참여하지 않는 사람들도 적극적으로 호응하면서 국민운동본부가 예상한 것보다 시위 규모가 훨씬 더 커졌습니다.

전 국민적인 항쟁은 마침내 정권의 항복을 받아냈습니다. 민정당 차기 대통령 후보 지명자인 노태우 대표가 6.29선언을 발표한 것입니다. 대통령직선제 개헌을 통한 1988년 2월 평화적 정권 이양, 대통령선거법 개정을 통한 공정한 경쟁 보장, 김대중의 사면 복권과 시국 관련 사범들의 석방, 인간 존엄성 존중 및 기본 인권 신장, 자유 언론의 창달, 과감한 사회 정화 조치의 단행 등을 주요 내용으로 하고 있습니다. 국민들은 승리의 기쁨에 들떴습니다.

그러나 혼수상태였던 이한열이 끝내 숨을 거두어서 많은 사람이 슬픔에 잠겼습니다. 7월 9일에 이한열의 장례식이 연세대에서 열렸습니다. 그는 고향인 광주로 가서 망월동 묘역에 묻혔습니다.

단톤

감독: 안제이 바이다 | 개봉: 1982년 | 등급: 15세 관람가

프랑스대혁명이 민중혁명으로 변하면서 혁명을 주도한 세력 간의 갈등을 그리고 있습니다. 프랑스대혁명을 주도했다가 강경파 정적인 로베스피에르에 의해 단두대의 이슬로 사라진 단톤의 행적은 인류 역사에서 반복되어온 정치적 대립의 공통된 단면을 보여준다는 평가를 받고 있습니다.

마지막 황제

감독: 베르나르도 베르톨루치 | 개봉: 1988년 | 등급: 12세 관람가

《황제에서 시민으로(From Emperor to Citizen)》라는 푸이의 자서전을 원작으로 하는 영화로, 청나라의 마지막 황제 푸이의 삶을 다루고 있습니다. 1911년 신해혁명 이후 1912년 2월 12일 제위에서 물러난 그의 삶은 혁명을 통한 시대 변화의 흐름을 이해하는 데 도움을 줍니다.

레미제라블

감독: 톰 후퍼 | 개봉: 2012년 | 등급: 12세 관람가

프랑스의 소설가 빅토르 위고가 쓴 동명의 장편소설을 원작으로 한 뮤지컬 영화로, 1832년에 있었던 프랑스 6월봉기가 영화의 배경입니다. 프랑스 민중들의 비참한 삶을 통해 시민들에게 사회운동에 대한 관심과 지지를 이끌어냈습니다.

1

난이도 ★★ 중등 국어

교도관 한광용은 가족이 위협을 받게 되자 끝내 자신의 신념을 접고 재야 인사 김정남의 소재지를 발설하고 맙니다. 만약에 내가 그와 같은 상황에 처했다면 어떤 결정을 내렸을지 생각해봅시다.

2

난이도 ★ 중등 사회

연희는 수많은 시민이 거리에 나와 민주주의를 부르짖었던 그 상황에서도 정치에는 전혀 관심이 없었습니다. 그런다고 세상이 바뀌느냐는 회의적인 태도를 유지합니다. 우리가 정치에 관심을 가져야 하는 이유와 사람들이 정치에 관심을 두지 않는 이유에 대해 토론해봅시다.

3

난이도 ★ 중등 사회

텔레비전을 보던 교도관들은 대통령직선제를 주장하는 군중들을 보면서 그것을 요구하기에는 국민 수준이 안 된다며 돈을 받으면 아무에게나 표를 준다고 토로합니다. 그렇다면 공직자를 선출하는 투표를 할 때 가장 중요하게 여겨야 할 점이 무엇인지 토론해봅시다.

4

경찰에게 끌려가 어딘지도 모르는 곳에 버려진 연희는 이한열에게 전화
를 합니다. 비가 많이 오는 날이었지만 이한열은 연희를 만나러 왔고 그녀
가 끌려가면서 잃어버렸던 운동화도 가져다줍니다. 그 후 이한열은 운동
화 한 짝만을 남기고 죽음을 맞이합니다. 영화 속에서 연희가 잃어버렸다
다시 찾은 운동화와 실제로 이한열이 남기고 떠난 운동화의 의미가 무엇
인지 이야기해봅시다.

5

연희는 갑자기 죽음을 맞이한 이한열에게 어떤 말을 하고 싶었을까요? 연
희의 입장이 되어서 이한열에게 보내는 편지를 써봅시다.

4부

인간의 탐욕이
만든 재난

연가시

해충, 아니? 사람 잡는 기생충

감독 : 박정우 | 개봉: 2012년 7월 | 등급: 15세 이상 관람가

⚜ ⚜ ⚜

고요한 새벽녘 한강에 뼈와 살가죽만 남은 시체들이 떠올랐습니다. 사람들을 공포로 몰아넣은 이 사건은 치사율 100퍼센트의 변종 기생충 연가시가 범인입니다. 그리고 이내 그 누구도 피할 수 없는 감염의 공포로 대한민국이 아수라장으로 됩니다. 2012년 〈연가시〉가 개봉했을 때 그 누구도 피해갈 수 없는 감염병의 공포는 영화관에서만 느낄 수 있었습니다.

하지만 코로나바이러스감염증-19(COVID-19, 이후 코로나19로 표기)의 등장으로 우리는 감염의 공포와 함께 생활하고 있습니다. 확진자, 확진자의 이동 경로, 역학조사, 슈퍼전파자 등 코로나 19에 대한 뉴스를 매일 보며 확진자 수에 촉을 세우고 있습니다.

인류에게 치명적인 영향을 미친 감염병의 역사는 기원전 이집 트의 미이라에 나타난 두창의 흔적에서부터 시작됩니다. 그 후 수많은 전쟁의 발발과 교통의 발달로 사람들이 모이고 만나면서 감염병은 인간의 역사와 함께해왔습니다. 의료 기술의 발달과 백신의 개발로 우리는 감염병에 무뎌지고 있었는지 모릅니다.

✪ 질병관리본부와 정부의 대응 방식

시민들의 불안을 없앨 방법은 역학조사를 통해 사망자들의 원 인을 밝혀내는 것입니다.

다행히 영화 속 질병관리본부는 원인을 밝혀냅니다. '연가시' 라는 기생충이 민물에서 알을 낳고 유충이 되면 곤충의 몸으로 옮겨 기생하는데, 변종 연가시는 사람의 몸으로 들어가 뇌를 조 종합니다. 몸에 연가시가 들어온 사람은 왕성한 식욕을 나타내 고 그 에너지는 고스란히 연가시를 성장하게 합니다.

그렇게 성장한 연가시가 몸 밖으로 나올 무렵이면 숙주였던 사람들은 심한 갈증을 느낍니다. 통제 불능이 된 사람들은 갈증 을 해소하기 위해 물을 찾아 여기저기로 뛰어다닙니다. 목마름

을 참지 못하고 물에 뛰어든 사람은 카엑시(cachexia) 현상*이 일어나면서 극도의 영양실조에 걸려 쇼크로 사망하고 성장한 연가시는 몸 밖으로 나옵니다. 병의 원인은 알았지만 인간의 소장에서 기생하는 연가시를 적출하기는 어렵습니다. 약으로 죽일 방법을 찾아야 합니다.

정부는 감염자들과 남아있는 사람들의 안전을 위해 격리 수용을 주장합니다. 하지만 격리라는 말에 감염자들은 불안해하고 이를 지켜보는 가족들은 애가 탑니다. 감염자들을 모아놓은 수용소에서는 사람들의 다양한 모습을 볼 수 있습니다. 물을 달라고 아우성치는 감염자들은 참지 못하고 스프링클러까지 작동시키려고 난리를 칩니다. 하지만 이성을 잃지 않고 서로 격려하는 감염자들도 있습니다.

"맘 독하게 먹어요. 엄마가 그러면 애들은 어떡해?"

밖에서 기다릴 가족들을 위해 견뎌내자고 말하며 서로 의지합니다. 그러나 정부는 감염자들의 상황이 노출되면 시민들이 더 큰 불안을 느낄 수 있다면서 감염자들의 휴대폰까지 빼앗습니다. 격리된 감염자들과 밖에서 그들을 바라보는 가족들은 이런 상황에 더 힘들어집니다.

"감염자들보다 힘들까요?"

---

* 악액질이라고 하며 암, 결핵, 혈우병 등의 말기에서 볼 수 있는 고도의 전신쇠약증세로, 증상으로는 급격한 수척, 빈혈, 무기력, 피부 황색화가 일어난다.

최대 다수의 최대 행복이 더 중요하다고 한 공리주의자들처럼 감염자보다 감염되지 않은 국민의 수가 더 많아서일까요? 정부나 질병관리본부 입장에서는 감염자들보다 감염되지 않는 국민이 더 중요합니다.

✖ 시장을 독점하려는 제약회사의 이기심

'윈다졸'이라는 구충제를 먹고 병이 나았다는 사람이 나옵니다. 사람들은 약을 구하기 위해 약국 앞에 몰려들지만 윈다졸은 지난 해 10월에 생산을 중단하면서 재고가 없습니다.

사람들은 병을 낫게 하는 치료제나 예방하는 백신이 없으면 질병을 극복할 수 없다며 절망하고 불안해합니다. 평소에는 잘 느끼지 못하지만 약과 백신은 우리에게 매우 중요합니다. 현재 우리는 코로나19의 백신이 없어 막막한데—물론 여러 나라에서 백신을 만들기 위해 지금도 애쓰고 있습니다. 이 책이 나올 즈음에는 백신이 나왔다는 소식이 들렸으면 합니다.—영화 속에서는 구충제가 있다니 천만다행입니다.

하지만 조아제약은 빨리 약을 만들라는 정부의 지시에 불응하며 오히려 정부에게 자신의 회사를 인수하라고 합니다. 격리수용소에 있는 사람들은 하루가 급한데 이들은 이 약으로 금전적 이익을 챙기기 위해 정부와 협상을 합니다.

조아제약에서는 대체 무슨 일이 있었던 걸까요? 조아제약의 특별프로젝트팀은 숙주에 단백질 물질을 보내 숙주의 뇌를 조정할 수 있는 연가시의 특성을 활용하여 뇌종양이나 알츠하이머병을 고칠 수 있는 약을 만듭니다. 여기까지는 너무 좋은 일이었습니다. 하지만 새로운 대표가 오면서 회사를 매각하고 팀을 해체합니다. 그 충격으로 전 대표는 자살하고 연구는 중단됩니다.

그래서 연구팀은 홧김에 새로운 약을 일반 구충제로 위장해 배포하고 전국에 변종 연가시를 살포한 후 조아제약의 주식을 사들입니다. 그러고는 큰 문제가 없을 거라 생각하고 돈을 조금 더 벌겠다는 욕심으로 일을 벌인 것이라고 합니다.

우리는 코로나19의 백신이 언제 나올지와 백신의 가격에 촉각을 세우고 있습니다. 가난한 나라는 혜택을 받지 못하는 것은 아닌지, 코로나19의 또 다른 변종이 나와 만들어놓은 백신이 소용이 없어지면 어쩌나 하는 걱정도 합니다. 50~60달러를 받겠다는 제약회사도 있고 이익을 남기지 않겠다며 5달러 선에서 공급을 하겠다는 회사도 있습니다. 코로나19는 한 나라만 안전해서는 해결이 될 수 없습니다. 전 세계적인 차원에서 대응해야 하는 감염병이므로 서로 공조해서 이 시기를 이겨나갔으면 합니다.

✪ 감염 공포와 가짜뉴스

현재 우리가 겪고 있는 코로나19와 연가시로 인한 감염을 비교했을 때 영화 속 연가시에 의한 피해 상황은 굉장히 심각합니다.

	사망	확진	감염 의심
연가시	3,159명	10만 2,376명	117만 2,217명
코로나19 (2020.11.20. 상황)	501명	3만 17명	

영화에서는 전국에서 나오는 시신들을 보면서 질병관리본부와 정부는 '어떤 추측이나 가설도 정확하지 않으면 보도하지 마라!'는 지시를 내립니다. 특히 루머나 유언비어를 막기 위해 언론을 통제하기까지 합니다.

국가는 대규모 감염병이 일어났을 때 방역 조치를 위해 강력한 모습을 보여줘야 할까요? 중국은 코로나19가 퍼졌을 때 국가가 강력하게 국경을 봉쇄하는 모습을 보여줬습니다. 만약 중국 정부가 국민들을 통제하지 않았다면 유럽의 다른 나라들처럼 많은 확진자가 나왔을지도 모릅니다. 하지만 중국의 강력한 통제는 국민들의 권리를 침해하고 있다고 공격을 받기도 했습니다. 국가가 강력하게 통제하지 않고 국민의 인권과 권리를 보호하면서 집단 감염을 막는 일이 가능할까요?

사태 파악을 더욱 힘들게 만드는 나쁜 소문과 좋은 소문은 어떻게 구별할 수 있을까요? 영화에서는 북한에서 생화학 물질을 남한으로 보냈다는 가짜뉴스까지 나옵니다.

이러한 가짜뉴스를 접하는 시민들은 당황하고 불안해합니다. 정확하지 않은 정보에 병원은 환자들로 넘쳐나고 병의 원인을 몰라 우왕좌왕하는 사람들로 가득합니다. 그리고 공포는 사람들에게 또 다른 가짜뉴스를 만들 빌미를 줍니다. 국가와 국민 간의 상호신뢰는 완전히 실종된 상태입니다.

1840년 영국 런던에서 콜레라가 유행했습니다. 이즈음 런던의 인구는 산업화로 인해 50년 만에 세 배로 급격하게 늘어났습니다. 사람들이 모이면서 쓰레기와 분뇨가 늘어났지만 정부는 이를 처리하기 위한 방안을 준비하지 못했습니다. 사람들은 자기 마당의 분뇨를 밟지 않으려고 벽돌을 쌓아 놓고 다니기도 했고 지하실에 분뇨가 꽉 찬 집들도 있었습니다. 생각만 해도 악취가 나는 것 같지 않나요? 사람들이 만든 쓰레기, 새로 등장한 수세식 화장실의 분뇨 하수 처리 문제는 런던을 악취로 가득 채우고 물을 오염시켰습니다.

하지만 감염병의 원인을 모르는 정부의 관료들은 공기가 원인이라고 단정하고 시민들이 오염된 물을 계속 먹도록 방치했습니다. 물의 오염은 보이지 않지만 악취는 맡을 수 있었기 때문입니다. '콜레라에 걸리면 몸의 피를 빼야 한다.', '악취를 없애는 특수 탈취제를 써야 한다.'는 주장과 함께 '오염물을 강으로 흘려보내야 한다.'고 정부 관계자들은 근거 없는 이야기를 합니다.

그때 존 스노는 사람들의 생활 모습을 일일이 추적하여 콜레라의 원인이 물에 있음을 밝혀냅니다. 감염경로를 직접 찾아다니면서 감염경로 지도를 만들고 공중보건 위생에 대한 개념을 처음 이야기합니다. 하지만 한번 입력된 가짜뉴스를 바꾸기는 힘든가 봅니다. 존 스노는 끝내 자신의 생각이 성공하는 모습을 보지 못하고 죽습니다. 완벽에 가까운 이론과 증거를 제시했지만 물에 의한 감염보다는 공기에 의한 전염이라는 기존의 생각을 바꾸지 못합니다. 몇 년이 지난 후 다른 사람들이 스노의 이론을 인정하고 하수도 시설을 정비하면서 런던에서 콜레라는 사라집니다. 이렇듯 사람들의 불안은 진실과 가짜를 밝혀낼 힘을 사라지게 합니다.

코로나19가 처음 등장했을 때 미국에서는 사람들이 휴지를 사재기했습니다. 화장실 휴지가 감염병과 어떤 연관이 있는지도 모른 채 소문만 믿고 이런 일을 한 것입니다. 대중은 감염병에 대처하는 현명한 방법을 찾기보다는 불안감을 해소하기 위해 여러 가짜뉴스에 의존하고 그게 사실이라고 믿습니다.

❂ 재난 속 희망

일에 치여 가족을 챙기지 못했던 제약회사 영업사원 재혁은 자신도 모르는 사이 연가시에 감염되어버린 아내와 아이들을 살리기 위해 치료제를 찾아 고군분투합니다. 3,000원짜리 윈다졸을 100만 원에 팔겠다는 제약사 직원과 연결되어 재혁은 어렵게 약을 구합니다. 하지만 약을 갖고 나오다가 울고 있는 아기와 엄마를 보고 약을 나눠줍니다. 그 모습을 본 사람들은 "약이다!"라고 외치며 재혁에게 달려듭니다. 약을 서로 갖겠다며 달려드는 과정에서 약은 가루가 되어버립니다. 재혁은 바보 같은 자신의 뺨을 후려치며 후회하지만 상황은 이미 끝나버렸습니다.

만약 재혁이 우는 아이와 엄마를 무시하고 가족에게 약을 전해주었다면 그의 가족은 살았을 것입니다. 하지만 나머지 국민들은 계속 죽어나갔을 것입니다. 재혁은 이 상황을 포기할 수 없습니다. 자신을 애타게 찾는 가족들을 위해 조아제약과 관련된 단서를 찾아 문제를 해결합니다. 윈다졸과 같은 성분의 원료로 치료제를 대량생산해 사람들을 구합니다.

"준호 아빠 밥은 먹었어?"

격리수용소에서 갇혀있는 재혁의 부인은 남편을 걱정합니다. 재혁은 그 소리를 듣고 화를 내며 소리칩니다.

"제발 내 걱정하지 말고 너희들이나 걱정해!"

하지만 그 외침은 "조금만 더 참아! 내가 약을 찾아올 테니." 라는 소리로 들립니다. 재혁은 연가시 때문에 가족을 잃을 지경에 놓이자 가족의 소중함을 느낍니다.

코로나19로 우리의 일상은 갑자기 멈춰버렸습니다. 학교도 가지 않고 재택근무를 하면서 또 다른 시간이 주어졌습니다. 우리가 함부로 대한 자연과 신경을 쓰지 못한 가족과 함께하는 시간을 만들어주었습니다. 그 시간을 통해 잊고 있었던 것들의 소중함을 알게 되었습니다.

영화 곳곳에서 감염병은 함께 해결해야 한다는 감독의 목소리가 들립니다. 정부가 메뉴얼대로 지시할 때 감염자들의 입장에서 생각하는 질병관리본부의 연주, 많은 사람에게 약을 줄 수 있게 원료 창고를 찾은 재필, 자신의 가족뿐만 아니라 모두를 위해 약을 만들어낸 재혁. 자신들의 이익보다 남을 위해 사람들이 함께 힘쓴 결과 암담했던 현실을 극복할 수 있었던 것입니다.

감염병은 혼자 해결할 수 없습니다. 우리가 연대해서 해결해야 합니다. 코로나19 퇴치를 위해 애쓰는 의료진들이 있고, 질병관리청의 공무원들도 있고, 개인 방역에 애쓰는 국민 개개인이 모두 힘을 모을 때 감염병을 이겨낼 수 있을 것입니다.

감기

감독: 김성수 | 개봉: 2013년 | 등급: 15세 관람가

호흡기를 통해 감염되고, 감염 속도 초당 3.4명, 치사율 100퍼센트의 유례없는 최악의 바이러스가 대한민국을 습격합니다. 재난 상황에서 정부의 대처, 당황하는 시민들의 모습을 보면서 지금 코로나19의 상황과 비교해볼 수 있습니다.

컨테이젼

감독: 스티븐 소더버그 | 개봉: 2011년 | 등급: 12세 관람가

2011년에 개봉한 영화이지만 감염경로, 역학 조사관, 질병관리통제센터의 역할 등 지금의 상황과 비슷한 점이 많아 다시 주목받고 있습니다. 백신이 없는 상황, 음모론과 가짜 뉴스 등 불안한 대중들이 문제를 어떻게 해결하는지, 백신을 누가 먼저 맞을지 등에 대한 문제를 보면서 많은 생각거리를 던져줍니다.

1

난이도 ★★★ 중등·국어

재혁은 어렵게 윈다졸을 구합니다. 하지만 울고 있는 아기에게 약을 주다 사람들에게 들켜서 자신이 구한 약을 모두 잃어버리게 됩니다. 재혁의 행동에 대해 자신의 의견과 이유를 말해봅시다.

2

난이도 ★★★★ 고등·사회

코로나19로 마스크가 부족한 상황에서 마스크를 구하기 위해 약국 앞에서 줄을 서기도 하고 마스크가 있는 곳을 찾아 여러 약국을 다니기도 했습니다. 다행히 마스크의 재고 상황을 알 수 있는 웹도 나오고 정부의 적극적인 수량 공급으로 지금은 수월하게 마스크를 살 수 있습니다. 한편 영화에서도 치료제 공급을 위해 국가가 적극적으로 나서는 모습을 보여줍니다. 이런 재난 상황에서 '자유시장 원칙'을 고수하는 것이 맞는지 아니면 국가가 통제하여 관여하는 것이 맞는지 국가의 역할에 대하여 논술해봅시다.

> • 자유시장 원칙을 고수해야 한다.
> • 국가가 통제하여 관여해야 한다.

3

대규모 감염병이 일어났을 때 방역 조치를 위한 국가의 언론 통제에 대해
자신의 의견과 이유를 말해봅시다.

> • 대중의 표현을 국가가 통제해야 한다.
> • 대중의 표현이 자유로울 때 집단 감염을 막을 수 있다.

4

1665년 영국의 페스트, 1854년 런던의 콜레라, 1906년 미국 뉴욕의 장티
푸스, 1918년 스페인 독감, 1976년 에볼라, 1980년 에이즈, 2003년 사스,
2009년 신종플루, 2012년 메르스, 2019년 코로나19까지 인류는 감염병
과 계속 싸워왔습니다. 감염병을 이겨내기 위해 애쓴 과학자나 의사에 대
해 알아보고, 감염병을 이겨내기 위해 우리에게 필요한 가치에 대해 논술
해봅시다.

설국열차

극한의 생존, 달리는 무덤에서 살아남기

감독: 봉준호 | 개봉: 2013년 8월 | 등급: 15세 관람가

❀ ❀ ❀

〈설국열차(Snowpiercer)〉는 2013년에 개봉한 봉준호 감독의 작품으로 동명의 그래픽 노블 《설국열차(Le Transperceneige)》를 영화화한 것입니다. 만화가게에서 우연히 이 작품을 접한 봉준호 감독은 폐쇄된 공간에서 전개되는 스토리에 매료되어 영화로 재탄생시키겠다는 결심을 하게 되었다고 합니다.

실제로 폐쇄된 공간에 대한 관심은 그의 영화 곳곳에서 엿볼 수 있습니다. 〈남극일기〉나 〈괴물〉에서는 벗어날 수 없는 상황에 갇혀 사투를 벌이는 인간의 의지를 그리고 있으며, 이 영화에서는 한정된 공간에서 생존하기 위해 서로의 적이 되고 마는 인간의 이기심을 보여주고 있습니다. 세계적 이슈가 된 〈기생충〉 역시 거대한 저택과 그 저택의 방공호라는 어둡고 꽉 막힌 공간을 통해 계층 간의 갈등을 예리하게 잡아냈지요.

〈설국열차〉의 공간은 얼핏 누군가에게는 천국 같은 공간으로, 또 다른 누군가에게는 지옥 같은 공간으로 분리된 듯합니다. 그러나 고립되고 한정된 공간에서는 그 누구도 인간다울 수 없었습니다. 공간의 폐쇄는 그 자체가 인간에게 재난이며 재앙이니까요. 살아있지만 살아있다고 할 수 없는 삶을 사는 죽음의 공간, 설국열차. 봉준호 감독은 그 절망적인 공간에 희망의 메시지를 남깁니다.

⏣ 죽음의 공간, 설국열차

봉준호 감독은 열차의 객실 공간을 계급화하여 물질문명에 사로잡힌 자본주의사회의 문제점을 신랄하게 비판합니다. 열차의 각 칸에는 맨 앞에 있는 엔진룸에 가까이 갈수록 상류층이 타고 있으며 뒤 칸으로 갈수록 빈민층이 생존하고 있습니다.

주인공 커티스는 철저히 분리된 이 객실의 문들을 파괴하며 열차의 맨 앞 칸으로 가열차게 전진합니다. 그는 열차의 꼬리 칸에서 시작된 이 혁명을 완성하기 위해 단단히 걸어 잠긴 객실의 문들을 거대한 쇠파이프로 밀어붙입니다. 객실을 관통하는 쇠파이프의 분노는 절대 무너질 수 없을 것 같았던 열차 안의 계급과 꼬리 칸의 처참한 현실을 단방에 부서뜨릴 듯합니다. 혁명의 시작을 알리는 불꽃과 쇠파이프의 분노가 지나간 뒤 커티스는 먼저 열차 안 감옥에 갇힌 남궁민수를 탈출시킵니다. 열차의 보안 설계자였던 남궁민수를 통해 열차의 모든 문을 열겠다는 계획이었습니다.

남궁민수는 크로놀(마약) 중독으로 그의 딸 요나와 함께 긴 시간 감옥에 갇혀있었습니다. 남궁민수와 그의 딸이 갇혀있던 감옥은 꼬리 칸의 현실과 다르지 않습니다. 벗어날 수 없는 인류의 재난과 재난 속에서 살아남기 위해 자행했던 가진 자의 횡포를 고스란히 겪어낸 것입니다. 감옥을 벗어난 남궁민수는 크로놀을 보상받으며 커티스를 도와 객실의 문들을 하나하나 엽니다.

지구온난화를 해결하기 위해 대량 살포된 CW-7은 엄청난 빙하기를 초래합니다. 추위에 강한 이누이트족이었던 남궁민수의 아내(그녀는 열차 밖으로 탈출을 감행하다 얼어 죽은 7인의 반란자 중의 한 명입니다.)도 살아남지 못할 만큼 극한의 빙하기가 찾아옵니다.

결국 설국열차는 2031년의 노아의 방주가 된 것입니다. 그러나 인류 최악의 재난 상황에서 생존한 인간들은 열차 안에서 희망을 찾을 수 없었습니다. 그들은 생존을 위해 발악하는 악귀 같은 존재가 되고 맙니다. 머리 칸 사람들의 생존 전략은 무한 이기주의입니다. 그들은 가진 것 어느 하나도 나누지 않고 그들만의 향락을 누리며 삽니다. 반면에 꼬리 칸 사람들이 끔찍한 환경과 굶주림에서 살아남기 위해 선택한 생존 전략은 인육을 먹는 것이었습니다. 서로 싸우고 죽이며 먹습니다. 그리고 갓 태어난 아기의 맛을 알아가기 시작합니다. 살아있으나 인간으로 살아있다고 할 수 없는 죽음의 공간, 열차는 쉼 없이 달리는 거대한 무덤이 되어가고 있었습니다.

열차의 설계자 윌포드와 엔진을 찬양하도록 철저히 세뇌된 머리 칸의 아이들, 미래가 없는 삶 속에서 쾌락과 향락에 빠진 머리 칸 사람들, 이런 숨 막히는 열차를 존속시키기 위해 폭동을 조장하여 인구를 조절하는 윌포드. 저마다 생존 방식은 다르지만 모두 17년간 달리는 무덤 속에서 몸부림치고 있었던 것입니다.

'삶이 멈춘 공간' 설국열차. 봉준호 감독은 설국열차가 인간을 위해 존재하는 열차가 아니었으며 열차를 위해 인간이 존재했음을 윌포드의 광기를 통해 보여줍니다. 윌포드는 열차의 부품이 낡고 더는 만들 수도 없게 되자 그 부품의 크기와 딱 맞는 아이들을 꼬리 칸에서 데려다 엔진의 부품으로 일하게 합니다. 생명의 존엄을 가진 인간의 존재를 열차를 움직이게 하는 부속품으로 전락시켜버린 것입니다. 자본주의사회의 병폐 역시 이런 것입니다. 돈을 위해 존재하는 인간, 사회의 부속품으로 전락한 인간, 봉준호 감독은 인간이 인간답게 살 수 없는 사회에 대한 경고를 영화 〈설국열차〉를 통해 보여주고 싶었던 것입니다.

✪ 희망을 향해 달리다

물공급 칸, 온실 칸, 식당 칸, 교실 칸, 객실 칸……. 폭동의 주동자 커티스는 완벽한 유토피아 같은 설국열차의 칸에 균열을 만들며 전진합니다. 꼬리 칸 사람들에게 배급되었던 식량인 단백질 블록을 만드는 칸에서 그 재료가 바퀴벌레였다는 것을 알게 된 순간 커티스는 참을 수 없는 분노를 느낍니다. 그가 느낀 분노는 '질서'라는 이름 아래에 행해진 '잔인한 차별'에 대한 분노였습니다. 그는 이 질서를 무너뜨리기 위해 목숨을 겁니다. 함께했던 동료들도, 정신적 지주였던 길리엄도 폭동 때문에 모두 죽임을 당했지만 흔들림 없이 전진합니다.

그렇다면 커티스의 반란은 설국열차의 유일한 희망이었을까요? 결론부터 이야기하면 아닙니다. 커티스의 반란은 설국열차의 차별적 질서를 무너뜨리는 것이 목적이었습니다. 그러나 진정한 삶의 공간이 아니었던 열차 안에서의 차별을 무너뜨리는 것이 과연 인간에게 희망과 행복을 가져다줄 수 있었을까요? 커티스는 그렇지 않다는 것을 열차의 맨 앞 칸인 엔진 칸에서 윌포드를 만나고서야 깨닫습니다.

윌포드는 커티스에게 그가 계획했던 인구 조절을 위한 반란 조장이 예상외로 커졌다고 이야기합니다. 커티스가 그만큼 해낼지 윌포드도 예상하지 못했다는 것입니다. 하지만 윌포드는 새로운 계획을 수립합니다. 커티스에게 열차를 맡아줄 후임자가 될 것을 제안하지요. 커티스는 엔진의 위엄 앞에서 흔들립니다. 그가 꿈꿔왔던 이상이 현실의 유혹 앞에서 무너지려고 합니다.

그 순간 커티스는 엔진의 부속품이 된 꼬리 칸의 아이들을 발견합니다. 엔진룸에 갇혀 무의식적으로 기계적 일을 반복하고 있는 아이들을 보며 정신이 번쩍 듭니다. 인류의 희망은 커티스 자신이 아니라 아이들임을, 그 아이들을 살려야 함을 깨닫습니다.

남궁민수의 딸 요나도 눈여겨보아야 합니다. 요나는 열일곱 살의 소녀로 설국열차에서 태어난 아이입니다. '트레인 베이비'라 불리지요. 그녀 또한 크로놀 중독자이지만 비상한 재주를 가지고 있습니다. 보이지 않는 곳을 볼 수 있는 투시력으로 커티스가 앞 칸을 향해 전진할 때마다 문을 열기 전에 앞 칸의 상황을 알려줍니다. 그녀는 성경의 인물인 '요나'라는 이름을 가지고 있습니다. 성경 속 요나는 하나님의 말을 거역하고 물에 빠졌다가 고래 배 속에 갇히는 인물이지요. 요나는 고래 배 속에서 살아나 하나님의 명령대로 멸망하는 니느웨를 구하는 역할을 합니다. 〈설국열차〉의 요나 역시 캄캄한 고래 배 속 같은 열차에서 벗어나 인류의 희망으로 피어납니다.

남궁민수는 커티스에 의해 감옥에서 구출될 때 마약성 물질인 크로놀 중독자임을 보여줍니다. 하지만 그가 크로놀에 집착한 진짜 이유가 '희망'에 있다는 것이 영화 곳곳에서 서서히 드러납니다. 그는 열차의 창문으로 바깥세상에 내리고 있는 눈의 변화를 끝없이 관찰합니다. 그리고 그의 딸 요나를 향해 눈이 녹고 있다는 희망을 이야기합니다. 그가 진정으로 원했던 것은 커티스의 혁명을 도와 열차 객실의 문을 여는 것이 아니라 바깥세상으로 향하는 열차의 출입문을 파괴하는 것이었습니다. 그래서 폭발력 있는 크로놀을 모으고 있었던 것입니다.

마지막 순간 커티스 역시 남궁민수의 생각이 옳았음을 알게 됩니다. 그는 남궁민수와 함께 크로놀로 열차의 출입문을 파괴하고 월포드의 손에서 구한 티미와 요나를 열차 밖 '진짜 세상'으로 내보냅니다. 열차의 유일한 생존자인 티미와 요나는 이제 인류의 희망이 된 것입니다. 열차 밖은 아직 하얀 눈으로 뒤덮여 꽁꽁 얼어있지만 북극곰이 여유로이 눈빛을 보내는, 살아있는 지구였습니다.

❂ 눈먼 자들의 파멸

놀랍게도 열차 안에는 눈먼 자들이 넘쳐납니다. 진실을 보지 못하고 그저 코앞에 벌어지는 일들만 해결하기 급급합니다. 지금 주어진 것들만이 진리라 믿으며 아무 생각하지 않고 아무것도 보려 하지 않습니다.

메이슨 총리는 열차 내의 서열 2인자입니다. 월포드의 의지를 대변하는 인물이지요. 그녀는 꼬리 칸 사람들을 경멸합니다. 그리고 자신의 자리를 절대적인 것으로 여깁니다. 광장 칸에 모인

꼬리 칸 사람들을 향해 그녀가 외친 한마디는 그녀가 얼마나 눈먼 자로 살아가고 있는지 알 수 있게 해줍니다.

"애초부터 자리는 정해져 있어. 나는 애초부터 앞쪽 칸. 당신네들은 꼬리 칸! 발 주제에 모자를 쓰겠다는 건 성역을 침범하겠다는 거지. 자기 주제를 알고 자기 자리를 지킨다! 내 발 밑에서!"

그녀는 무한한 가능성과 폭발하는 생명력을 가진 인간의 존재를 볼 줄 모르는 아니, 보기를 거부한 눈먼 자입니다. 결국 그녀는 자신의 한계를 벗어나지 못하고 혁명군에 의해 죽임을 당합니다.

열차의 설계자이자 엔진을 관리하는 절대자 윌포드 역시 마찬가지입니다. 그는 열차의 질서를 수호하며 열차를 지키는 일에 집착합니다. 그의 세계는 모든 기준이 '열차'에 맞추어져 있습니다. 자신이 창조한 세계 이외에는 아무것도 보이지 않습니다. 사람도 보이지 않으며 바깥세상에도 관심이 없습니다. 그 또한 '열차'를 위해 존재합니다.

교실 칸을 맡은 여선생은 어떤가요? 그는 윌포드의 광신도입니다. 트레인 베이비들을 세뇌시켜 자신과 같이 눈멀고 귀먹은 광신도로 만들고 있습니다. 아이들은 열차 밖 세상에는 관심이 없습니다. 열차 밖 진짜 세상은 아이들에게 공포를 주는 대상으로 열차의 당위성과 필연성을 만들기 위한 장치에 불과하지요. 그 밖에도 열차 안의 수많은 사람들이 윌포드의 마리오네트 인형이 되어 열차를 수호합니다. 그리고 그들은 열차와 함께 자멸합니다. 결국 인간은 자신들의 욕망이 만든 제도와 기계문명, 끔찍한 이기심에 눈이 멀어버리면 이 땅에서 살아남지 못할 것이라는 경고를 보여주는 것입니다.

봉준호 감독은 〈설국열차〉를 통해 파멸이 아니라 희망을 전하려 했습니다. 인류가 어떤 재난에 처하더라도 결국 희망은 존재한다는 것을 보여주고 싶었던 것이지요. 그 희망은 그 어떤 것도 아닌 바로 인류의 미래인 '아이'입니다. 무한한 가능성과 변화를 잠재하고 있는 아이들이야말로 진정한 인류의 희망이라고 힘주어 말하고 있습니다.

딥워터 호라이즌

감독: 피터 버그 | 개봉: 2017년 | 등급: 12세 관람가

2010년 4월 20일, 멕시코만 석유시추선 딥워터 호라이즌호. 무리한 작업량으로 인해 배는 시한폭탄 상태가 되지만 본사는 일정과 비용을 이유로 안전 검사를 묵살합니다. 그리고 배 전체를 뒤흔드는 폭발음과 함께 호라이즌호는 화염에 휩싸입니다. 인재로 인한 사상 최대의 해양 재난 사건 앞에서 살아남기 위한 인간의 의지가 돋보이는 영화입니다.

투모로우

감독: 롤랜드 에머리히 | 개봉: 2004년 | 등급: 12세 관람가

기후학자 잭 홀 박사는 남극에서 빙하 코어를 탐사하던 중 이상변화를 감지하고 빙하시대를 예견하지만 동료들에게 비웃음만 당합니다. 잭의 예견대로 해양 온도가 떨어지기 시작하자 사람들은 생존을 위해 남쪽으로 이동하지요. 그러나 잭은 아들을 구하기 위해 북쪽 뉴욕으로 향합니다. 아들을 향한 아버지의 의지와 분노한 자연 앞에 인간이 얼마나 무력한지 보여주는 영화입니다.

1

영화 〈설국열차〉는 자본주의와 권력의 횡포에 대한 자성의 메시지를 던져 주고 있다는 평가를 받습니다. 여러분이 〈설국열차〉에서 본 메시지는 무엇인가요? 영화에 대한 나만의 해석을 해봅시다.

2

꼬리 칸 사람들은 지옥 같은 꼬리 칸에서 생존하기 위해 어린아이를 잡아먹는 끔찍한 일을 저지릅니다. 이때 길리엄은 스스로 자신의 다리를 잘라주며 굶주린 사람들을 먹이고 다시는 아이들을 잡아먹는 것과 같은 행동은 하지말라고 이야기합니다. 그후 길리엄은 꼬리 칸의 정신적 지주가 됩니다. 하지만 혁명을 끝낸 커티스는 윌포드에게서 길리엄이 열차의 질서를 위해 협조하고 있었다는 사실을 알게 됩니다. 이런 길리엄의 행동에 대해 어떻게 생각하나요? 파렴치한 배신인가요? 꼬리 칸 사람들을 지켜내기 위한 나름의 노력인가요? 나의 생각을 이야기해봅시다.

3

영화 〈설국열차〉에는 부조리할 수밖에 없는 권력의 구조에 대해 생각해 보게 하는 장면들이 나옵니다. 대표적인 장면이 메이슨 총리가 광장 칸에서 꼬리 칸과 머리 칸에 대해 연설하는 장면입니다. 우리 사회에서 부당하다고 여긴 경제적 차별과 권력의 횡포는 어떤 것이 있었는지 이야기해봅시다.

4 난이도 ★★★ 중등·국어

폭동의 주동자 커티스는 열차의 1인자 자리를 계승하라는 윌포드의 제안 앞에 잠시 홀린 듯 망설입니다. 내가 만약 커티스였다면 어떤 결정을 내렸을까요? 내가 내린 결정과 그 이유에 대해 말해봅시다.

5 난이도 ★★★★ 중등·국어

파괴된 열차에서 티미와 요나만이 살아남아 북극곰이 눈짓하는 설원에 발을 내딛는 것으로 끝나는 마지막 장면은 다소 허무하다는 평가를 받기도 합니다. 만약 감독이 되어 복구되고 있는 자연에 적응해나가는 티미와 요나의 이야기를 후속편으로 만든다면 어떻게 만들 것인지 생각해봅시다.

기묘한 가족
좀비보다 더 무서운

감독: 이민재 | 개봉: 2019년 2월 | 등급: 12세 이상 관람가

❧ ❧ ❧

최초의 좀비 영화는 1932년 미국에서 제작된 빅터 핼퍼린 감독의 〈화이트 좀비〉입니다. 1959년 〈외계로부터의 9호 계획〉이라는 좀비 영화가 나온 이후 1990년대까지 간간히 한두 편만 제작되다가 2000년대가 되면서 〈28일 후〉를 비롯해 9편의 영화가 제작되었습니다. 그리고 2010년 이후에는 대규모 제작비용이 들어간 좀비 영화가 많이 만들어졌습니다.

우리나라에서 크게 흥행한 좀비 영화는 2016년에 만든 연상호 감독의 〈부산행〉입니다. 큰 성공을 거둔 이 영화는 2020년 7월에 재개봉되기도 했습니다.

우리가 살펴볼 〈기묘한 가족〉은 좀비 영화이지만 장르는 코미디입니다. 이 영화에는 "줄을 서시오!"라는 대사가 여러 번 나옵니다. 이는 드라마 〈허준〉에 나온 대사로, 명의 허준에게 진료를 받기 위해 몰려든 백성들에게 허준을 돕던 오근이가 외친 말입니다. 그렇다면 좀비 영화에 왜 이 대사가 필요했을까요?

⊛ 왠지 낯선 좀비

영화는 좀비의 존재를 인간이 불러온 재앙으로 규정합니다. 기업의 이익 창출을 위한 실험을 통해 좀비가 탄생했다는 겁니다.

> '휴먼인바이오에 의혹이 끊이지 않는 가운데 이번엔 인간을 대상으로 한 불법 임상실험을……'

한적한 시골 마을에 나타난 좀비는 우리가 익히 알고 있던 좀비와는 사뭇 다릅니다. 멍한 표정으로 동네를 헤매다 아이들에게 돌을 맞고 개에게 쫓깁니다. 숨어들어간 화장실에서는 만덕이라는 할아버지에게 변기 뚫는 압축기로 계속 머리를 맞기도 합니다. 만덕에게 구타를 당하던 좀비는 결국 참다못해 만덕을 물고 도망칩니다.

좀비 자체를 모르는 만덕은 자신이 좀비에게 물렸다는 사실도 모릅니다. 구급대원조차 만덕이 개에게 물렸다고 생각하지요. 그런데 치료 후 집으로 온 그날 밤, 폐업한 만덕의 주유소에 그 좀비가 나타납니다. 자신을 물었던 좀비라는 것을 확인한 만덕이 화를 내며 좀비에게 달려들고, 이 과정에서 좀비는 커다란 쇠꼬챙이에 가슴이 찔리는 사고를 당합니다. 이를 지켜본 만덕의 가족은 매우 놀랍니다. 하지만 좀비는 다시 살아납니다. 만덕의 첫째 아들 준걸이 모는 트럭에 치여 멀리 나가떨어져도 죽지 않는 좀비. 가족들은 SNS를 통해 좀비의 정체를 알게 되고 감염자로 추정되는 만덕을 피합니다.

2010년 보건복지부는 전염병이라는 용어를 '감염병'으로 바꾸었습니다. 일부 질병은 감염성이 매우 낮은데도 전염병이라는 용어 탓에 불필요한 공포심을 일으키기 때문입니다. 만덕이 좀비 바이러스에 감염됐다는 사실을 알고 피하는 가족들. 어쩌면 당연한 반응인지도 모르겠습니다.

❸ 줄을 서시오

다음 날 좀비에게 물렸던 만덕이 놀랍게도 회춘을 합니다. 한적한 시골 마을이 떠들썩합니다. 노인들이 만덕의 주변에 몰려듭니다.

"자네 얼굴 한번 봐. 이팔청춘이 되어버렸어."

만덕은 신이 나서 창고에 갇혀있는 좀비에게 달려가 감사를 표하지만 이 모습을 지켜보던 둘째 아들 민걸은 바이러스가 점점 뇌로 퍼지고 있다며 더 늦기 전에 해치워야 한다고 다짐합니다. 이런 민걸을 준걸이 의아한 눈으로 쳐다봅니다. 가족이어도 한 가지 사건을 바라보는 관점이 같을 수는 없겠지요.

자신의 회춘 비결을 친구에게 말하는 만덕은 비밀을 지켜달라고 신신당부하지만 다른 사람에게 말을 하는 순간 비밀은 비밀일 수 없습니다. 이들의 대화를 엿듣게 된 민걸. 결국 그날 저녁 다른 가족도 만덕이 회춘한 이유를 알게 됩니다.

"우리 이 주유소 다시 시작하자."

만덕은 가업인 주유소를 다시 일으키기 위해 동네 노인들을 상대로 일명 '신개념 좀비 회춘 비즈니스'를 시작합니다. 만덕의 손에 돈을 쥐어주고 작은 구멍 안으로 자신의 팔뚝을 내미는 노인들. 깨물기를 주저하는 좀비에게 만덕의 며느리 남주가 노인들의 팔뚝 위에 케첩을 뿌립니다. 이 좀비는 피보다 케첩을 좋아하고 심지어 양배추 덕후입니다. 이내 마을에 퍼지는 비명. 좀비에게 물린 노인들은 다음 날 모두 회춘을 하고 매우 만족합니다.

그러던 어느 날 만덕은 회춘 비즈니스로 모은 돈을 몽땅 들고 죽은 아내가 그토록 가보고 싶어 했던 하와이로 떠나버립니다. 자물쇠까지 채운 금고가 텅 빈 것을 본 남주는 망연자실 바닥에 털썩 주저앉습니다. 한편 만덕이 노인들에게 돈을 받고 회춘 비

즈니스를 했다는 사실을 알게 된 마을 젊은이들도 하나둘 주유
소로 몰려듭니다. 자신들도 더 젊어지고 싶었던 거지요.

회춘 비즈니스는 날로 명성을 얻습니다. 실로 대박이 난 겁니
다. 몰려드는 사람들에게 민걸이 외칩니다.

"줄을 서시오!"

이제 좀비는 '쫑비'라는 이름을 얻고 만덕이 지냈던 이동주택
까지 물려받습니다. 물론 망해버린 주유소도 다시 열게 되지요.

자신에게 위협을 가할 수 있다는 이유로 좀비의 이빨을 모두
뽑고 결박한 채 양배추만 제공하던 만덕네 가족. 좀비가 쓸모 있
자 태도가 돌변한 겁니다. 만덕네는 좀비조차 단순히 자신들의
욕망을 채워줄 도구로 본 걸까요? 현대사회의 단면을 보는 것 같
습니다. 그나저나 회춘만 한다면 좀비에게 물리는 일 따위는 아
무것도 아니라는 마을 사람들. 아무리 좀비 존재 자체를 모른다
고 해도 너무 무모한 건 아닐까요?

✪ 자칭 집안의 브레인, 민걸

좀 더 큰돈을 벌고 싶었던 민걸은 몰래 쫑비를 도시로 데려가
려고 합니다.

"서울, 제일 빠른 거로 두 장이요."

그런데 같은 시각, 마을 사람들에게 점점 이상한 증세가 나타

납니다. 더위를 심하게 타고, 날음식을 게걸스럽게 먹어치우죠. 그러더니 하나둘씩 좀비로 변합니다. 이윽고 좀비에게 휩싸인 시골 마을. 터미널도 예외가 아닙니다. 좀비로 변한 사람들이 여기저기 출몰하죠. 민걸은 이 모든 일이 좀비 때문이라고 생각합니다. 그런데 정말 이 모든 사태는 오롯이 좀비 탓일까요? 인간의 끝없는 욕망이 불러온 과욕은 아닐까요?

"내 이럴 줄 알았어."

사실 인간이 만든 이 바이러스는 회춘이라는 잠복기를 거쳐 좀비로 변하게 만드는 것입니다. 이 사실을 알게 된 민걸은 곧바로 주유소에 있는 가족에게로 향합니다. 아무것도 모르는 가족은 뒤늦게 주유소로 몰려드는 좀비로 인해 위급한 상황에 부닥칩니다.

"창문 닫고, 커튼 쳐!"

남주의 다급한 외침에 가족들은 저마다 나름대로의 무장을 하고 좀비와 맞설 태세를 취합니다.

이때 민걸이 나타납니다.

좀비는 '부활한 시체'를 일컫는 단어입니다. 현실 속에 그려지는 좀비는 사람을 뜯어먹는 모습으로 그려지며 불빛과 소리에도 몰려듭니다.

좀비에 관해 공부하면서 꼼꼼히 기록까지 했던 민걸도 좀비가 불빛에 반응한다는 것을 알고 있습니다. 민걸은 좀비들을 향해 400~500개 불꽃 더미를 묶어 한 번에 터트립니다. 하지만 이로 인해 오히려 상황은 악화되고 좀비들은 주유소로 점점 더 많이 몰려옵니다.

"이게 쫑비 옷이야. 밖에 있는 애들은 어떠한 감각보다 후각에 많이 의존하니까 쫑비로 착각할 거야. 형이 장남이잖아."

장남이니까 위급한 상황에 나서서 해결해야 한다고 말하는 민걸. 아직도 대한민국에서 장남은 아버지 다음 그리고 아버지 대신입니다. 이때 준걸의 마음은 어땠을까요? 두 형제는 탈출을 감행하고 좀비의 틈바구니 속에서 빠져나와 가까스로 차에 올라탑니다. 그런데 차에 열쇠가 없습니다. 열쇠를 가지러 집으로 다시 들어가려던 준걸. 이때 아내 남주가 출산을 합니다. 동네에 퍼지는 아기 울음소리. 영화 〈부산행〉에서도 여자 주인공이 임산부였죠. 아기의 탄생은 미래가 있다는 암시일지도 모르겠습니다.

아기 울음소리에 좀비의 모든 신경이 쏠리자 준걸은 이때를 놓치지 않고 집에 들어가 열쇠를 찾아옵니다. 그렇게 만덕네 가족들은 우여곡절 끝에 그곳을 벗어납니다.

🎬 인간 백신, 만덕

탈출한 다음 날, 좀비와 사투를 벌였던 준걸의 몸에 이상 증세가 나타납니다. 핏기 없는 창백한 얼굴의 준걸이 트럭 조수석에 앉아 넋을 놓고 있습니다. 만덕네 가족은 또다시 위기에 빠집니다. 그런데 때마침 그들 앞에 하와이 여행을 마친 만덕이 멀쩡한

상태로 돌아옵니다. 트렁크 가방을 밀며 터널을 빠져나오는 만덕. 그가 가족을 향해 손을 번쩍 들고 환하게 웃습니다. 왠지 탈출구가 보이는 듯합니다.

"혹시 물리거나 감염된 후에 회복된 사람이 있으시면 질병관리본부로 오시기 바랍니다."

6개월 후 전국에 좀비 바이러스가 퍼진 상황입니다. 이런 위급 상황에서 면역자 만덕이 유일한 희망입니다.

만덕네 가족은 트럭에 '좀비 백신 접종, 완전 무료!'라고 쓴 현수막을 붙이고 전국을 누비며 좀비를 치료합니다. 트럭으로 몰려드는 좀비들에게 이번에는 쫑비가 외칩니다.

"줄을 서시오!"

문틈 구멍으로 내민 좀비의 팔뚝을 인간 백신, 만덕이 깨뭅니다. 거리에 퍼지는 비명. 이내 좀비가 인간이 됩니다. 얼굴에 피가 돌고, 희뿌옇던 눈동자가 검게 변합니다. 그런데 이번에는 왜 좀비가 좀비들을 향해 "줄을 서시오!"라고 외친 걸까요?

바이러스 감염병은 대부분 백신으로 예방할 수 있습니다. 100년 전만 해도 천연두와 장티푸스 등 감염병에 걸려 많은 사람이 숨졌지요. 하지만 지금은 백신이 개발되어 더는 문제가 되지 않습니다. 백신은 인공적으로 면역력을 형성해 감염병을 예방할 수 있는 주사약입니다.

그러면 백신은 언제 개발된 걸까요? 백신은 영국의 의사 에드워드 제너가 1796년 천연두를 예방하기 위해 처음 개발했습니다. 천연두로 목숨을 잃은 사람이 많은데 소젖을 짜는 여성들은 그 병에 걸리지 않았지요. 제너는 천연두와 증세가 비슷한 우두라는 병을 앓고 나서 천연두에 대한 면역력이 생겼을 것이라는 가설을 세웠고 우두에 걸린 여성의 손에서 고름을 채취해 천연두 백신을 만들었습니다. 영화에서는 만덕이 좀비에게 물렸지만 아무런 증상이 나타나지 않았습니다. 그래서 만덕이 면역력이 생긴 유일한 인간 백신이 된 것입니다.

✿ 쫑비와 의사소통이 가능한 해결

각양각색의 이유로 쫑비를 이용하려는 만덕네 가족. 하지만 막내딸 해결은 달랐습니다. 멍한 표정의 핏기 없는 피부를 가진 쫑비를 아무렇지 않게 대하고 그를 미용실에 데려가 이발도 시켜줍니다. 옷도 사주고요. 함께 자장면 가게에도 갑니다. 번듯한 쫑비 외모에 여학생들이 반하자 질투하기도 합니다. 물론 '쫑비'라는 이름도 해결이 지어주었습니다.

양배추 밭에서 마주친 해결과 쫑비. 얼결에 양배추를 들고 달아나는 해결과 그녀의 뒤를 쫓는 쫑비. 이 장면은 마치 '나 잡아봐라!' 하는 사랑 장면을 연상시키지만 알고 보면 쫑비는 해결이 아닌 그녀의 손에 들린 양배추를 쫓고 있습니다. 채식주의자 좀비라니 아주 낯섭니다.

해결은 오빠 민결이 쫑비를 돈벌이 수단으로 이용하려 한다는 사실을 알고 쫑비를 멀리 떠나보냅니다. 이런 해결의 진심을 쫑비도 알았던 걸까요? 그녀가 위기의 상황에서 내지른 비명을 쫑비가 듣습니다. 한걸음에 달려와 자신의 몸을 좀비에게 내어주고 그녀를 지켜주는 쫑비. 이 장면에서 쫑비가 좀비인지 아니면 쫑비를 이용한 사람들이 좀비인지 고민하게 됩니다. 좀비를 무서워하기는커녕 좀비로 신개념 창조경제를 실천하는 '기묘한 가족'이 어쩌면 좀비보다 더 무서운 사람들인지도 모릅니다.

❊ 신종 감염병의 대응책은 존재할까

지금 전 세계를 위협하는 코로나19는 돌연변이 바이러스 때문에 발생하는 신종 감염병입니다. 그런데 신종 감염병은 기존의 백신으로는 예방하기 어렵습니다. 현재 코로나19가 인류의 생존을 위협하고 있지만 백신이나 치료제가 아직까지 개발되지 않았습니다. 코로나19의 대유행이 끝나려면 세계 인구의 60퍼센트가 백신을 접종해 면역력을 가져야 한다고 합니다.

만약에 백신이나 치료제가 개발되더라도 자국 우선주의 때문에 가난한 사람들은 혜택을 못 얻을 수도 있다고 합니다. 영화 〈기묘한 가족〉에는 좀비로 변한 사람들이 인간에게 달려드는 장면이 나옵니다. 신종 감염병의 백신이나 치료제가 개발된다면 그것을 먼저 구하려는 사람들로 난리가 날지도 모르겠습니다.

그래서 세계보건기구(WHO)는 코로나19 백신이 개발되면 공공재*로 지정하겠다는 원칙을 제시했습니다.

코로나19가 전 세계적으로 대유행을 하면서 인류가 생존의 위기로 내몰리고 있는 지금, 백신과 치료제의 공공재 지정만이 유일한 해법이라고 할 수 있습니다. 이런 점에서 볼 때 만덕네 가족이 좀비 바이러스에 감염된 사람들에게 무료로 백신을 제공한다는 결말은 현 시점에서 실로 절묘합니다.

---

* 비용 부담을 없애거나 줄여서 모든 사람이 공동으로 이용할 수 있는 재화나 서비스

서울역

감독: 연상호 | 개봉: 2016년 | 등급: 15세 관람가

상처를 입고 피를 흘리며 힘들어하고 있는 늙은 노숙자, 여관비가 떨어져 갈 곳이 없는 가출 소녀와 남자친구, 가출한 딸을 찾아 헤메는 아버지. 서울역을 중심으로 펼쳐지는 이야기. 좀비들로 뒤덮은 세상에 좀비보다 더 한 인간들이 있다는 메시지를 전해주는 영화입니다.

창궐

감독: 김성훈 | 개봉: 2018년 | 등급: 15세 관람가

산 자도 죽은 자도 아닌, 밤에만 활동하는 야귀(夜鬼)로 인해 조선은 위기에 빠집니다. 야귀 떼에서 조선을 구하려는 이들의 혈투가 치열합니다. 햇빛을 견디지 못해 밤에만 움직이는 야귀는 인간의 살을 물어뜯고 피를 마시고, 야귀에게 물린 사람들은 야귀로 변합니다.

부산행

감독: 연상호 | 개봉: 2016년 | 등급: 15세 관람가

좀비 바이러스가 전국으로 확산된 대한민국에 긴급재난경보령이 선포됩니다. 단 하나 남은 안전한 도시 부산으로 피신하기 위해 열차에 몸을 실은 사람들은 좀비의 틈바구니 속에서 치열한 사투를 벌입니다.

1   난이도 ★★ 중등 사회

민걸은 주유소로 몰려드는 좀비들을 보고 장남 준걸에게 쫑비의 옷을 입고 좀비들을 유인하라고 말합니다. 장남이 가족을 책임져야 한다는 민걸의 주장에 대해 어떻게 생각하는지 말해봅시다.

> "이게 쫑비 옷이야. 밖에 있는 애들은 어떠한 감각보다 후각에 많이 의존하니까 쫑비로 착각할 거야. 형이 장남이잖아."

2   난이도 ★★★★ 중등 사회

만덕네 가족은 '회춘 비즈니스'의 성공에 크게 기여한 좀비에게 이름도 지어주고 거처까지 마련해줍니다. 하지만 이들이 처음부터 좀비를 잘 대해준 것은 아닙니다. 물리면 위험하다고 생각한 남주는 좀비의 이빨을 다 뽑아버렸고, 민걸은 더 큰돈을 벌기 위해 좀비를 납치하기도 했습니다. 이런 이율배반적인 상황을 쫑비는 어떻게 받아들였을까요? 쫑비의 입장이 되어 이 상황에 대해 변론해봅시다.

3

전국에 계엄령이 선포된 상황에서 인간 백신 만덕은 전국을 돌면서 좀비로 변한 사람들을 고쳐줍니다. 다음에 일어날 이야기를 상상하여 서술해봅시다.

4

영화에서는 기업의 이익 창출을 위한 실험을 통해 탄생한 좀비를 인간이 불러온 재앙으로 규정했습니다. 다음에 제시한 글을 보고 과학자들이 가져야 할 태도에 대해 생각해봅시다.

> "과학이 선용 또는 악용되었을 때 빚어지는 결과는 중요하다. 따라서 과학이라는 직업에는 일반인이 보통의 의무에 대해 지는 책임 외에 특수한 책임이 따른다. 특히 과학자는 대중이 가까이하기 어려운 지식을 기질 수 있기 때문에 과학적 시식이 선용될 수 있도록 전력을 다해 노력해야 한다."
>
> – 세계과학자연맹(WFSW)이 만든 <과학자헌장> 제1항 '과학자의 책임'

5

지구촌을 위협하는 신종 감염병이 발생하는 원인과 이에 대한 대응법에 대해 논술해봅시다.

삽질

삽질하네, 우리 모두

감독: 김병기 | 개봉: 2019년 11월 | 등급: 12세 관람가

❀ ❀ ❀

　정부는 국민에게 풍요로운 삶을 제공하기 위해 여러 정책과 사업을 계획하고 시행합니다. 이러한 정책과 사업의 성공을 위해서 정부는 사업을 시행하기 전 다양한 정보를 수집하고 면밀하게 검토합니다. 정부가 하는 일에 더 좋은 결과를 만들어내기 위해 국민과 시민단체, 국회, 언론, 검찰은 감시의 역할을 합니다. 정부가 시행한 정책에 대해서는 기관 부처의 내용 검토, 관련 이슈의 사례 시찰, 여론의 반응, 전문가의 평가, 기자들의 검열 등 다양한 층위에서 논의가 이루어집니다. 이것이 민주주의

의 기본적인 프로세스라고 볼 수 있습니다.

그런 점에서 〈삽질〉은 이명박 정부의 '4대강살리기 사업'이 민주주의 프로세스가 작동하지 못한 사례라는 점을 주장하면서 특정인의 이해관계가 얽혀있다는 점을 고발하는 다큐멘터리 영화입니다. 김병기 감독은 자신의 주장을 논증하기 위해 4대강살리기 사업의 숨겨진 자료를 찾아 분석하고 사업을 앞장서 이끌었던 주역들과 인터뷰를 하는 등 12년 동안의 치밀한 취재 과정을 기록합니다. 그리고 개인의 욕망이 만들어낸 참혹한 결과물을 영화에 생생하게 담습니다.

❸ 눈 가리고 '4대강살리기 사업'

한반도대운하 사업은 이명박 대통령의 주요 공약 중 하나였습니다. 이명박 대통령은 강에 운하를 만들어 한반도 전체를 연결하면 많은 경제적 효과를 볼 수 있을 것이라고 의견을 내세웠습니다. 하지만 우리보다 먼저 운하 사업을 했던 독일 사업 관계자와 국내 전문가들은 한반도대운하 사업에 대해 부정적인 견해가 담긴 메시지를 전달했습니다.

시민단체와 환경단체는 대운하 사업을 강력하게 반대했고 시민들도 반대 의사를 표현하기 위해 촛불을 들고 거리로 나왔습니다. 삼면이 바다인 우리나라에서는 거대한 자본이 투입되는 대운하 사업의 실효성이 매우 낮기 때문입니다. 게다가 거대한 환경파괴를 불러올 위험도 있습니다. 그리고 민간 기업들마저 이 사업으로는 이익을 볼 수 없다고 판단하고 사업에 참여하지 않겠다는 의사를 밝힙니다.

결국 이명박 대통령은 국민들이 반대한다면 한반도대운하 사업을 진행하지 않기로 약속합니다. 이렇게 이 사건은 일단락된 것처럼 보였습니다.

이명박 대통령은 2007년 대선 공약 1호로 내세웠던 민간자본으로 운영하는 '한반도대운하 사업'을 2009년에 세금으로 운영하는 '4대강살리기 사업'으로 전환한다는 발표를 합니다. 4대강살리기 사업의 목적은 수해 예방과 수질 개선, 수변 복합 공간 조성으로 지역을 발전시키는 것입니다. 이는 국민의 삶을 더욱 풍요롭게 만들기 위한 것으로 보입니다. 하지만 국민과 시민단체, 환경단체, 전문가들은 한반도대운하 사업과 4대강살리기 사업의 공사 내용이 유사하다는 점을 확인하고, 4대강살리기 사업은 이름만 다른 한반도대운하 사업이라고 생각합니다. 그리고 이런 방식의 사업 전환은 '눈 가리고 아웅'하는 것으로, 국민을 기만하는 태도라면서 정부의 사업에 더욱 불신을 갖습니다. 이러한 비판이 지속되는 가운데 정부는 4대강살리기 사업을 은밀하고 빠르게 진행합니다.

§ 한반도대운하 사업과 4대강살리기 사업

	한반도대운하 사업	4대강살리기 사업
목적	선박 운행, 내륙 도시의 항구도시화, 관광객 유치, 생태계 복원, 레저 공간 활용 등	수해 예방, 수질 개선, 수변 복합 공간 조성 등
공사 내용	**수로 건설(수심 6미터)** 1. 경부운하(낙동강~남한강) 2. 경인운하(한강 하류~인천 영종도 부근) 3. 호남운하(영산강 하류~광주 광신대) 4. 금강운하(금강~군산항 수로 건설) 5. 북한운하 건설	**보와 댐 건설(수심 6미터)** 1. 보: 낙동강, 한강, 영산강, 금강 2. 댐: 영주댐, 보현댐, 안동댐, 임하댐
비용	-	22조 2,000억+α
자금 출처	민간 자본	국고(세금)

이명박 대통령이 한반도대운하 사업을 포기하겠다고 밝힌 이후 한강홍수통제소에 4대강살리기 사업의 긴급 TF가 만들어집니다. TF의 비밀 문건에는 보 건설 시 수심을 6미터로 파라는 지시 내용이 있습니다. 일반적인 보라면 수심 6미터를 유지할 필요가 없습니다. 그런데 왜 굳이 수로와 같은 수심 6미터를 지시했을까요? 영화는 VIP의 지시였다는 것을 증거로 보여주면서 한반도대운하 사업과 4대강살리기 사업의 연관성을 증명합니다.

✪ 대동단결, 한마음 한뜻으로 움직였다

단군 이래 최대의 토목사업인 4대강살리기 사업은 여러 논란에도 불구하고 신속하게 진행됩니다. 어떻게 이런 일이 가능했을까요? 영화는 전문가들, 기업, 언론, 검찰이 하나가 되어 4대강살리기 사업을 지지한 것으로 볼 수 있는 정황을 포착합니다.

먼저 정부 관료와 전문가 집단이 움직입니다. 그들은 4대강살리기 사업에 대한 여러 찬반 토론장과 사업설명회에서 당당하게 자신의 견해를 밝힙니다.

"4대강살리기 사업으로 국토의 품격을 높였다. 생태계가 바뀌고 있다. 훨씬 더 건강한 쪽으로 바뀌고 있다. 당연히 수량이 많고 수질이 좋고 하니까 수중 생태계가 풍요로워지는 것이고 먹이의 푸드체인으로 인해서 관련 생태계도 좋아지는 것이죠." (권도협 국토해양부장관)

"4대강 사업으로 환경이 좋아진다." (이만의 환경부장관)

"소양호의 체류시간은 1년입니다. 팔당호의 체류시간은 5.5일입니다. 어디가 수질이 더 좋습니까? 바이칼호는 수천 년입니다." (이화여대 박석순 교수)

"전문적으로 분석을 한 결과로는 이 총체적인 하천 수질 문제로 봤

김병기 감독은 7년이 흐른 뒤 이들을 찾아 인터뷰를 요청합니다. 이들에게 4대강살리기 사업이 수질 개선에 효과가 있는지 물어보았지만 그 누구도 답변하지 않습니다. 토론장이나 사업설명회에서 보여주었던 당당한 모습은 사라지고 제작진을 향해 화를 내거나 도망치듯이 자리를 피합니다.

다음으로 정부는 언론을 움직입니다. 국토해양부가 작성한 '4대강살리기 추진보고서' 문건에는 '홈페이지, 포털(지식in, 블로그) 등 인터넷을 활용한 홍보를 강화하고, 핵심 여론 주도층 접촉 및 토론회 참여로 공감대 확산'이라는 문구가 있습니다. 2009년 4월 17일 4대강살리기 추진 본부 문건에서는 이에 대한 구체적인 홍보 내용 문구를 적어 지시했으며, 청와대는 '지방 언론에 대한 상시 모니터링이 필요, 중앙 언론까지 이슈화되기 전에 사전 차단 필요'라고도 지적했습니다.

금강공구*에 참여한 건설사들은 충청 지역 언론사에 광고비를 지원하라는 요청서를 받습니다. 그리고 지역 언론사들의 신문에는 4대강살리기 사업에 관한 긍정적인 기사가 지속적으로 실립니다.

---

* 4대강 보 설치는 총 16개의 공구(공사 구간) 사업을 통해 추진된다. 금강공구는 금상수계 공사 구간으로 세 개의 공구가 있다. 이밖에 한강수계 3공구, 낙동강수계 8공구, 영상강수계 2공구 사업을 정부는 진행한다.

MBC〈PD수첩〉은 4대강살리기 사업을 밀착 취재해 '4대강, 수심 6M의 비밀'이라는 프로그램을 준비했지만 정부는 이 프로그램을 편성할 수 없다고 소송을 제기했습니다. 다행히 MBC는 소송에서 승소했지만 MBC 사장이 방송 보류를 내리고 대본 수정을 거쳐 방송됩니다.

청와대는 국정원과 검찰도 움직입니다. 국정원은 4대강살리기 사업에 반대하는 16개 단체를 선정하여 비리를 조사합니다. 그리고 찬성 단체에는 맞불 집회를 열 수 있도록 지원을 합니다. 2010년 국정원은 4대강살리기 사업을 다룬 〈PD수첩〉을 좌편향 프로그램이라고 규정하면서 담당 PD는 물론 프리랜서 작가, 외부 출연자까지 전면 교체하라고 적시했습니다. 그리고 당시 〈PD수첩〉 제작진은 모두 해고당합니다. 검찰은 환경운동연합을 압수 수색하는 등 4대강살리기 사업을 반대하는 이들을 향해 검찰의 칼을 유감없이 휘둘렀지만 4대강살리기 사업에 관련된 수많은 비리에 대해서는 검찰의 칼을 꽁꽁 감추었습니다.

⊛ 4대강에 남겨진 것, 4대강살리기 사업이 남긴 것

4대강살리기 사업이 끝났으니 4대강에는 맑은 물이 흐르고 이에 따라 생태계가 복원되어야 합니다. 그런데 영화에서 보여주는 4대강에는 실지렁이와 녹조가 가득합니다. 강에 사는 물고기

가 떼죽음을 당해 강의 자연종을 찾을 수 없게 되었습니다. 처음 보는 흉측한 괴생물체도 발견됩니다. 악취가 진동하여 강 가까이 가기도 어렵습니다. 그리고 강에는 흉측한 보 건설물과 막대한 유지비도 남겨졌습니다.

　정부의 모든 정책이 성공할 수는 없습니다. 어쩌면 실패한 정책이 더 많을지도 모르지요. 여기에서 우리가 중요하게 생각해야 할 것은 성공과 실패의 여부보다 실패가 남긴 것입니다. 그 실패를 통해 배우고 경험과 지식을 쌓아야 합니다. 그러나 4대강살리기 사업의 실패는 유익한 경험으로 남겨지지 않았습니다.

　우리는 이 사업을 통해서 무엇을 배워야 하는가에 대해 고민해야 합니다. 이 사업의 첫 번째 문제는 민주적인 절차가 권력에 의해 도미노처럼 무너졌다는 것입니다. 이것은 영화에 충분히 잘 설명되어있습니다. 그리고 다음으로 중요한 문제는 권력을 가진 인물이 자신의 이익을 달성하기 위해 환경을 도구로 삼았다는 것입니다.

우리는 경제적 이익을 위해서라면 무엇이든 양보해도 된다는 자본주의 논리에 익숙합니다. 자본주의사회에서 경제적 이익이란 말은 달콤한 사탕처럼 사람들을 쉽게 유혹할 수 있어 유용한 도구가 됩니다. 반면에 환경은 사람들에게 직접적인 달콤함을 주지 않기 때문에 잘 느껴지지 않습니다.

이명박 정부는 왜 다른 기반 시설이 아닌 '강'에 관심을 갖고, 4대강살리기 사업에 집착했을까요? 그 이유는 사람들이 환경문제에 크게 관심을 갖지 않기 때문입니다. 사람들은 환경이 생존에 필요한 필수적인 문제가 아니라고 생각합니다. 이는 무차별적인 개발을 통해 물질적 풍요를 얻었던 산업화 시대의 학습효과에 의한 결과입니다.

최근 우리에게 닥친 다양한 재난과 재해들은 환경문제에 대한 무관심에서 비롯된 결과입니다. 우리는 인간의 삶을 풍요롭고 안락하게 만들어주는 가장 중요한 요소가 물질적인 것이 주는 풍요라고 생각합니다. 기본적으로 인간은 안락한 삶에 대한 욕망이 있습니다. 여기에서 인간이 추구하는 안락한 삶은 어쩌면 인간에게만 안락한 삶이 아니었을까요? 인간과 동물, 자연이 함께 안락을 누려야 지속 발전 가능한 사회가 될 수 있습니다. 우리는 지금까지 인간만 안락한 삶, 인간만 더불어 사는 사회를 추구하였기 때문에 바이러스, 환경 변화로 인한 재난 등 여러 문제가 생기고 있습니다.

　지구는 더 이상 살기 좋은 곳이 아닙니다. 4대강이 파헤쳐진 것, 북극의 얼음이 녹은 것, 온 하늘이 초미세먼지로 뒤덮인 것. 이 결과는 무관심에서 만들어진 것이고 이는 지구에 거주하는 모든 지구인이 동의한 혹은 앞장서서 이끈 결과라고 볼 수 있습니다.

에린 브로코비치

감독: 스티븐 소더버그 | 개봉: 2000년 | 등급: 15세 관람가

학력도 경력도 내세울 것도 없는 에린 브로코비치는 변호사 사무실에 취직합니다. 우연히 대기업의 중금속 유출 사고를 조사하면서 피해 주민들을 위해 앞장서게 된 그녀는 거대 기업을 상대로 소송을 준비합니다. 캘리포니아 지역에 가스와 전기를 공급하는 PG&E를 상대로 미국 역사상 유례없는 통쾌한 승소를 거둔 실화를 바탕으로 만든 영화입니다.

스포트라이트

감독: 토마스 맥카시 | 개봉: 2016년 | 등급: 15세 관람가

거대한 권력이 감춘 진실을 밝히기는 어렵습니다. 힘이 센 사람들은 자신의 이익을 위해 뭔가를 감춥니다. 그 사실을 알았을 때 우리는 옳은 편에 설 것인지, 구경만 할 것인지 선택해야 합니다. 이 영화는 구경꾼으로 사는 것은 그 사건에 동의하는 것과 같다고 말합니다.

1

난이도 ★★★ 중등 사회

독일 뮌헨에 이자강이라는 하천이 있습니다. 뮌헨시는 수로 개발을 위해 구불구불했던 이자강을 곧게 펴는 작업을 시행했는데 그 작업 이후 홍수 피해가 더 심해졌습니다. 우리나라에서도 4대강살리기 사업 이후 4대강에 녹조현상이 일어나고 있습니다. 녹조가 생기는 원인은 무엇이고, 녹조 확산을 막으려면 어떤 노력을 해야 할까요? 이자강 살리기의 사례를 들어 해결책을 제시해봅시다.

2

난이도 ★★★★ 중등 사회

4대강살리기 사업은 우리나라 강에 보와 댐을 설치하는 것입니다. 우리나라에 있는 보와 댐을 찾아보고, 그 차이를 정리해봅시다.

	댐	보
건축 연도		
기능		
역할		
문제점		

3

4대강살리기 사업이 끝난 후 일부의 구간에서는 아직까지 사업에 대한 의견이 나뉩니다. 일부 공사 구간에서는 보를 해체해야 한다고 주장하는 단체와 이를 반대하는 단체가 싸우기도 합니다. 4대강살리기 사업에서 건축한 '보 해체'에 대해 토론해봅시다.

4

우리 지역에 있는 강을 방문한 후 강이 우리에게 하고 싶은 말이 무엇인지 상상하면서 시를 지어봅시다.

5부

손잡고 가야 할 길

신과 함께
신의 세상에 비친 인간 세상의 천태만상

1편 〈죄와 벌〉 감독: 김용화 | 개봉: 2017년 12월 | 등급: 12세 관람가
2편 〈인과 연〉 감독: 김용화 | 개봉: 2018년 8월 | 등급: 12세 관람가

❈ ❈ ❈

'아무도 본 적 없는 세계가 열린다'라는 문구와 함께 망자 김 자홍과 저승삼차사의 당당한 모습이 그려진 포스터는 영화 〈신과 함께〉에 대한 기대를 한껏 불러일으켰습니다. 죽지 않고서는 가볼 수 없는 저승 세계에 관한 이야기라니 관객들은 그것만으로도 이미 호기심을 갖기에 충분했던 것 같습니다. 더불어 우리 신화 속에 등장하는 저승 이야기를 현대적 감각으로 버무려내어 세간의 주목을 받은 주호민의 웹툰 〈신과 함께〉를 원작으로 하고 있으니 많은 관객을 영화관으로 끌어들일 수 있었을 것입니

다. 결국 영화 〈신과 함께〉는 1편과 2편 모두 1,000만 관객이라는 대위업을 달성했습니다.

〈신과 함께〉 1편은 2편과 연결되는 인물들을 미리 등장시켜 처음부터 2편을 예고합니다. 영화가 만들어지기 전부터 동시 제작을 선언했기에 가능한 일입니다. 웹툰으로 〈신과 함께〉를 접했던 독자들은 등장인물들과 사건의 전개가 웹툰과 전혀 다른 면도 있어 다소 낯설게 느껴졌다는 평가도 있습니다. 하지만 창의적 상상력을 더하고 극적인 효과를 높이기 위해 선택한 영화의 장치들이 원작을 그대로 살리는 것보다 훨씬 더 스토리를 역동적으로 만들었다는 사실은 부인할 수 없습니다.

1편 〈신과 함께-죄와 벌〉의 주인공 망자 김자홍은 원작 웹툰에 등장하는 주인공보다 훨씬 더 능동적인 인물입니다. 원작의 김자홍은 샐러리맨이라는 특성에 어울리게 운명을 개척하기보다는 받아들이는 인물입니다. 이승에서처럼 저승에서도 수동적이지요. 갖은 고생을 하면서 그를 변호하는 진기한의 안내에 따라 저승의 지옥들을 차근차근 극복해나갈 뿐입니다.

그러나 영화의 김자홍은 저승의 귀인이 될 만큼 특별합니다. 그의 직업은 소방관이며 타인을 위해 목숨을 버리는 이타적인 삶을 살았습니다. 그는 저승 재판관 앞에서도 결코 자신의 무죄를 구걸하지 않습니다. 저승길을 가는 중에 만난 염라대왕에게 다짜고짜 항의하기도 하고, 위험한 저승길에서 소방관의 기술로 차사들을 구하기도 합니다. 원귀가 된 동생을 소멸시키지 말라고 차사들 앞에서 무릎 꿇기도 하지요. 자신이 당한 일을 찬찬히 생각하며 최선의 길을 만들어가는 적극적인 인물입니다. 그래서 관객들은 가슴 졸이며 그의 행보에 주목할 수밖에 없습니다.

〈신과 함께-죄와 벌〉이 김자홍의 행보와 차사들의 행적을 통해 드러내고자 하는 주제는 살인지옥의 수장 변성대왕이 김자홍을 판결하며 하는 말에 나타납니다.

"죽음을 통해 삶을 증명해내었다."

결국 살인, 나태, 거짓, 불의, 배신, 폭력, 천륜이라는 일곱 개의 지옥을 건너며 김자홍과 저승삼차사가 증명해낸 것은 바로 웃고 울고 미워하고 사랑하는 평범한 우리 모두의 삶이었던 것입니다.

2편 〈신과 함께-인과 연〉은 좀 더 깊이 우리 신화와 연결되어있습니다. 1편의 저승 이야기는 오랜 세월 한반도에 뿌리내린 불교의 저승 신화에 근거하고 있지만, 2편은 순수한 우리 전통 신화 속 가택신이 등장합니다. 덕분에 우리 민족 고유의 신들은 인간과 함께 살아가며 우리 인간을 돕는 존재임을 알 수 있습니다. 영화에 등장하는 성주신은 집안을 지키는 가택신의 대표급이라 할 수 있습니다. 그는 집안의 모든 운수를 관장하고 그 가정을 총체적으로 담당합니다. 성주신 외에도 부엌을 지키는 조왕신, 장독대를 지키는 철융신, 문을 지키는 문왕신, 뒷간을 지키는 측신 등 우리 고유 신이 많지만 영화에는 성주신만 등장합니다.

영화의 성주신은 할아버지가 돌아가시면 혼자 남을 아이가 너무 불쌍해 저승사자들로부터 할아버지를 지켜야겠다고 마음

먹습니다. 그래서 인간의 몸으로 현신하여 그 집에서 함께 살며 성주 삼촌이 됩니다. 인간을 지키기 위해 저승사자와 싸우고, 돈을 벌기 위해 펀드를 하고, 아이와 놀아줍니다. 비록 성주 신의 모습은 현대화되었지만 인간을 사랑하고 지키려는 그 마음은 우리 전통 신과 다를 바 없습니다. 인과 연을 소중히 여기는 우리 신의 모습이지요. 또한 영화는 저승삼차사들의 과거를 조명하며 이승과 저승을 잇는 다리 역시 인간 세상의 인연의 끈임을 보여줍니다.

이렇게 신의 세상에 비추어 인간 세상의 천태만상을 보여주는 영화 〈신과 함께〉는 원작 웹툰의 촘촘한 이야기성은 잃어버렸지만, 이승과 저승을 오가는 방대한 스크린 속에 인간 세상이 갖추어야 할 굵직한 가치들을 붙들어 매어놓았습니다. 덕분에 관객의 감성을 툭툭 건드리는 드라마틱한 작품이 되었습니다.

✪ 신과 함께-죄와 벌

〈신과 함께-죄와 벌〉은 서로 얽히고설키는 여러 에피소드로 이야기를 전개해나갑니다. 사건 속에서 사회적 부조리를 드러내는가 하면 그 문제를 극복해나가는 다양한 인간 군상의 모습을 보여주기도 합니다. 〈신과 함께-죄와 벌〉을 관통하는 저승길의 주인공은 김자홍입니다. 일곱 개의 지옥을 일곱 번의 재판으로 통과하며 업경에 보이는 김자홍의 삶은 모두 '재판의 이유'가 될 수는 있으나 '유죄의 이유'는 되지 못했습니다. 죽음부터가 소방관으로서 의로운 죽음이었기에 이승 재판정에서 재판이 벌어졌다 하더라도 정상참작 정도로 이해될 만큼 인간적인 죄들이었습니다.

김자홍의 저승길과 교차되는 또 다른 에피소드는 김수홍의 죽음입니다. 그의 억울한 죽음은 그를 원귀로 만들었고 그 때문에 김자홍의 저승길까지 어지러워지게 됩니다. 관심병사 원동연의 총기 오발로 총상을 당한 김수홍을 군 간부 박무신은 생사도 확인하지 않은 채 땅에 묻고 탈영으로 처리합니다. 자신의 진급을 위해 문제가 될 만한 사건을 은폐한 것이었지요. 땅에 묻히고도 하루를 더 살아있었다는 김수홍은 원한으로 가득 찬 원귀가 되어 복수전을 벌입니다. 지극히 이타적 삶을 살았던 김자홍에 대비된 이 사건은 인간의 이기적 욕망과 추악한 죄상을 드러냅니다. 관심병사에 대한 이유 없는 따돌림과 폭행, 김수홍 사건에 대한 은폐, 더불어 상명하복의 부조리하고 권위적 군 체계에 딴죽을 건 것입니다.

그러나 영화가 말하는 '죄'와 그에 따른 '벌'은 과연 공평했던 것일까요? 죄의 잣대는 명확하지 않고 용서와 배려로 흐려집니다. 어떤 변명도 더는 소용없다는 저승의 재판정에서 강림은 자신의 일을 성공시키기 위해 염라의 명령을 밥 먹듯 어깁니다. 부모를 죽이려 하다가 죄책감에 부모를 떠나고 거짓말로 삶을 이

어온 김자홍은 의인이 됩니다. 어린 자녀와 사랑하는 아내를 위해 진급을 포기하지 못하고 총기 오발 사건을 은폐할 수밖에 없었던 박무신은 천하의 나쁜 놈이 됩니다.

　죄의 규정은 모호하고 벌의 경중은 작위적입니다. 하지만 이 또한 인간 세상의 보편적 부조리입니다. 〈신과 함께-죄와 벌〉은 고전적인 주제인 '인과응보'를 추구하지만 무엇이 과연 인과응보인가도 생각해보게 합니다.

✪ 신과 함께-인과 연

〈신과 함께-인과 연〉은 제목만으로도 영화의 내용을 직관적으로 알 수 있습니다. 1편에서 양념처럼 등장했던 허춘삼과 성주신의 일화가 중심이 되지만 더 굵직한 주제인 '인과 연'은 강림과 해원맥, 덕춘의 과거 이야기를 통해 드러납니다.

1편의 에필로그는 2편의 주인공이 저승삼차사의 49번째 귀인이 될 김수홍임을 예고합니다. 그리고 2편의 서막에서는 김수홍이 마땅히 귀인이 되어야 함을 염라대왕의 규정으로 미리 알리지요.

"귀인(貴人)이라 함은 항상 남을 먼저 돕고 배려하는 정의로운 삶을 살았던 망자이거나 자신도 이유를 알지 못하는 죽음을 당해 천수를 누리지 못한 억울한 망자를 일컫는다."

김수홍은 바로 이 '억울한 망자'입니다. 강림은 염라를 만나기 위해 저승법을 어기고 천륜지옥을 향해 멋대로 나아갑니다. 테러에 버금가는 행동으로 염라 앞에 들이닥친 강림은 삼차사의 차사직을 걸고 김수홍의 재판을 요구합니다. 김수홍은 재판도 필요 없는 저승을 더럽힌 원귀였는데 말입니다.

강림의 이런 모습은 우리 신화 속 강림도령과 많이 닮았습니다. 신화 속 강림도령은 이승에서 말썽을 부리는 과양생이 부부의 문제를 해결하기 위해 염라대왕을 잡아 이승으로 데려가겠다고 저승 문 앞에서 오라를 던진 용감한 캐릭터입니다.

염라는 이 겁 없는 차사 강림에게 김수홍의 재판을 열어주는 대신 이승으로 가서 성주신이 현신하여 지키고 있는 허춘삼이라는 노인을 데려오라고 합니다. 그 노인은 이미 저승길로 와야 하는 시간을 넘겼지만 성주신이 그를 지키고 있어 어떤 차사도 그를 데려오지 못했다는 것입니다.

해원맥과 덕춘이 허춘삼의 집으로 급파됩니다. 그렇게 삼차사의 길은 두 갈래로 나뉩니다. 두 차사는 이승에서 성주신과 허춘삼과 살며 허춘삼을 저승으로 데려올 길을 찾기로 하고, 강림은 김수홍의 억울한 죽음을 밝히기 위해 김수홍과 함께 험한 저승길을 헤쳐나갑니다.

허춘삼을 잡으러 갔다가 성주신과 함께 살게 된 해원맥과 덕춘은 뜻밖에 자신들의 과거 이야기를 알게 됩니다. 알고 보니 성주신은 1,000년 전 해원맥과 덕춘을 저승으로 데려간 저승차사였던 것입니다. 기억을 잃어 알지 못했던 1,000년 전 과거, 고려시대 최고의 무사였던 '하얀 삶' 해원맥은 여진족 아이들과 그 아이들을 보살피던 덕춘을 지키다 죽음에 이르게 됩니다. 그들을 죽음에 이르게 한 것은 '밀원', 즉 과거의 강림이었습니다. 이 모든 이야기를 전하고 성주신은 신주단지가 깨져 소멸합니다. 소멸 직전 성주신이 남긴 말은 세상을 인과 연으로 살아가는 우리에게 깊은 울림을 줍니다.

"이승에 내려와서 이집 저집 1,000년 동안 가택신 하면서 지켜보니까 이놈의 인간들 더 모르겠더라. 근데 한 가지 확실한 건 있더라. 나쁜 인간은 없다는 거. 나쁜 상황이 있는 거지. 그러니 원망스럽고 원통하고 이해가 안될 때 모든 걸 거꾸로 읽고 거꾸로 생각해봐. 그러면 풀릴 거다. 이 인간들도, 세상도, 이 우주도."

해원맥과 덕춘이 과거의 모든 사실을 알게 되었을 때 김수홍과 함께 저승길을 헤쳐나가던 강림도 마지막 재판에서 자신의 부끄러운 과거를 낱낱이 드러내놓습니다. 그리고 현몽을 통해 재판정에 불러들인 박무신에게서 김수홍이 살아있었다는 것을 알면서도 산 매장을 했다는 자백을 받아냅니다. 마침내 김수홍의 죽음이 억울한 죽음이었음을 밝혀낸 것입니다.

재판정에 선 강림은 박무신에게 과거의 자신을 적나라하게 보여줍니다. 그리고 잘못을 끌어안고 사는 삶이 얼마나 지옥 같은 삶인지를 이야기해줍니다. 염라대왕은 강림에게 1,000년이라는 긴 시간 동안 자기의 잘못을 잊을 수 없어서 지옥이더냐고 묻습니다. 그러나 강림은 잘못을 잊을 수 없었다는 것이 지옥이 아니라 자신 때문에 죽음에 이른 아버지께 결코 다시는 용서를 빌 수 없다는 것이 지옥이었다고 말합니다. 덕분에 박무신은 죄를 인정하고 김수홍에게 용서를 빕니다.

인간은 모두 미워하고 사랑하고, 싸우고 화해하고, 기뻐하고 슬퍼하며 한 생애를 살아갑니다. 덕춘의 부모님을 살해한 해원맥의 후회, 자신의 부모님을 살해한 해원맥을 사랑한 덕춘의 후회, 아버지를 죽음에 이르도록 내버려 둔 강림의 후회. 이 모든 것이 인과 연의 굴레 안에 살아가는 우리 모두가 겪는 아픔이 아닐까 생각해봅니다. 그 무엇인가를 향한 과한 욕심 때문에 '사람'이라는 소중한 가치를 숱하게 잊어버리곤 하는 우리의 실수들이 삶의 아픔을 만들어내는 것이 아닐까 생각합니다.

사람이란 글자를 모으면 '삶'이 된다고 합니다. 영화 〈신과 함께〉는 우리네 삶의 이유가 바로 사람에 있어야 한다고 우리 신화 속 저승신이 된 사람들을 통해 보여주고 있습니다.

코코

감독: 리 언크리치 | 개봉: 2018년 | 등급: 전체 관람가

집안의 반대를 무릅쓰고 뮤지션을 꿈꾸는 소년 미구엘은 박물관에 전시된 전설적인 가수 에르네스토의 기타에 손을 댑니다. 그로 인해 '죽은 자들의 세상'에 들어가게 되고 죽은 자들의 세상의 비밀을 알게 됩니다.

원더풀 라이프

감독: 고레에다 히로카즈 | 개봉: 1998년 | 등급: 전체 관람가

죽은 자들이 천국으로 가기 전 머무는 중간역인 '림보'. 삶에서 가장 소중한 기억 하나를 고르면 림보의 직원들은 그것을 짧은 영화로 재현해 그들을 영원으로 인도합니다. 사후 세계를 통해 행복했던 삶의 순간을 이야기합니다.

사랑과 영혼

감독: 재라 쥬코 | 개봉: 1990년 | 등급: 15세 관람가

갑작스러운 사고로 목숨을 잃은 샘은 천국으로 향하지 못하고 연인 몰리의 곁을 맴돕니다. 자신을 죽게 만든 파렴치한 친구에게서 연인을 지키려는 샘의 모습을 통해 사랑의 소중함을 다시 한 번 느낄 수 있습니다.

1

난이도 ★★ 중등 사회

김자홍은 타인을 위해 목숨을 버리는 희생정신 때문에 죽음과 동시에 의인으로 분류되어 저승길을 갑니다. 의롭다는 것은 다양한 모습으로 나타날 수 있습니다. 내가 생각하는 의로움은 어떤 것인지, 내가 알고 있는 의로운 행위를 한 사람을 소개해봅시다.

2

난이도 ★★★ 중등 도덕

김자홍은 어릴 적 어머니와 동생을 죽이고 자신도 죽으려 했습니다. 병에 걸려 꼼짝 못 하는 어머니, 늘 배고픔에 시달려야 하는 가난, 이 모든 것이 어린 자홍이 감당하기에는 너무 벅찼기 때문입니다. 김자홍의 행동에 대해 비판하거나 대변하는 입장이 되어 토론해봅시다.

3

난이도 ★★★★ 고등 사회

〈신과 함께-죄와 벌〉의 주요 사건은 군의 총기 오발 사건 은폐입니다. 우리 사회에는 아직도 이렇게 덮이고 가려지는 사건들이 있습니다. 이런 일들이 생기는 이유를 개인적 원인과 사회적 원인으로 나누어 생각하며 토의해봅시다.

4

〈신과 함께-인과 연〉에서 해원맥은 전쟁 중에 자신이 덕춘의 부모를 죽였다는 죄책감에 목숨을 다해 덕춘과 덕춘이 보살피는 아이들을 지킵니다. 해원맥은 속죄의 마음으로 아이들을 대했지만, 만약 아이들이 자신의 부모를 죽인 자가 해원맥이라는 사실을 알았다면 어떻게 행동했을까요? 두 가지 입장으로 나누어 알맞은 근거를 제시하며 토론해봅시다.

- 해원맥을 용서한다.
- 해원맥을 용서할 수 없다.

5

〈신과 함께-인과 연〉의 마지막 장면은 관심병사 원일병이 다시 망자가 되어 저승문 앞에 서는 것으로 끝이 납니다. 김수홍은 저승의 변호사가 되라는 염라대왕의 명령을 받아들이는 장면이 나옵니다. 3편이 만들어진다면 김수홍이 원일병을 변호할 것으로 예상되는데요. 김수홍이 되어 원일병의 죄를 변호해봅시다.

엑시트

우리들의 평범한 영웅

감독: 이상근 | 개봉: 2019년 7월 | 등급: 12세 관람가

❋ ❋ ❋

　잘하는 것이라곤 철봉밖에 없어서 동네에서 철봉에 미친 바보라는 소문이 돌고 초등학생 조카에게도 무시당하는 백수 용남. 용남은 대학에서 산악동아리 에이스였지만 취업과 상관이 없습니다. 취준생 생활이 오래되었는지 제법 백수 티가 자연스럽게 흐릅니다. 집안일을 하며 누나들에게 구박받고 부모님의 걱정거리가 되는 것이 그의 일상입니다.

　취준생의 답답한 일상이 이어지던 어느 날, 어머니의 칠순 잔치를 '구름정원'이라는 연회장에서 하게 됩니다. 그런데 예약해둔

연회장이 용남의 대학 동아리 후배이자 첫사랑인 의주가 일하는 곳입니다. 연회장을 왜 이리 멀리 잡았냐며 투덜대는 가족들은 그녀를 다시 만나기 위한 용남의 계획이라는 것을 아무도 모릅니다.

의도한 대로 용남과 의주는 만납니다. 용남은 첫사랑과의 로맨틱한 재회를 기대했겠지만 잔치가 끝날 무렵 도심에는 테러가 터져 유독가스가 퍼지기 시작합니다. 아수라장이 된 도시에서 살아남기 위해 용남과 의주는 산악동아리에서 배운 생존 스킬들을 이용해 가족과 손님들을 구합니다. 그러나 안타깝게도 구조 헬기의 정원 초과로 용남과 의주만 헬기를 타지 못하고 빌딩에 남게 됩니다. 두 사람은 산악동아리를 하며 배우고 익힌 기술과 체력으로 함께 도심을 질주하며 생존을 위한 사투를 벌입니다.

줄거리만 보면 〈엑시트〉는 당연히 재난 영화입니다. 하지만 영화의 장르는 분명히 '코미디'로 구분되어있습니다. 코미디와 재난의 콜라보라니 좀처럼 상상하기 힘든 조합입니다. 영화 포스터에서 말하는 '신선도 100퍼센트 재난 영화'라는 문구가 참 적절합니다.

해외 블록버스터 재난 영화를 보면 대체로 거대한 재난 속에서 빛나는 인간 불굴의 의지가 주된 내용이 됩니다. 인간이 겪어내기에는 버거운 재난을 보며 관객들은 공포감에 사로잡히고 그 재난을 이겨내는 주인공을 보며 인간의 위대함에 감동하지요. 반면 한국형 재난 영화는 보통 공포감보다는 가족애, 인간애에 초점이 맞추어져 있습니다. 재난 속에서 서로 돕고 희생하는 감동의 휴먼 드라마가 만들어지지요. 우리는 〈괴물〉, 〈해운대〉, 〈타워〉, 〈부산행〉 이 모든 영화에서 가족의 사랑을 느끼며 놀라운 희생정신에 눈물을 흘립니다. 재난 영화의 뻔한 공식이 반복되어도 영화를 보는 관객들이 카타르시스로 눈물을 흘리는 이유는 인간이 가장 인간다워지는 모습을 재난 영화에서 발견할 수 있기 때문입니다.

그런데 〈엑시트〉는 재난 영화의 이런 공식들을 희석시키며 그 자리에 짠내나는 현실과 실감 나는 시대상을 들여다놓았습니다. 재난 영화의 주인공은 대부분, 알고 보면 굉장한 능력자이거나 과거에 대단한 경력을 가졌지만, 〈엑시트〉의 두 주인공은 고작 대학 산악동아리 에이스였을 뿐입니다. 평범하기 이를 데 없는 두 사람이 숨 막히게 밀려오는 재난을 극복하는 모습은 영웅적이라기보다 처절합니다. 가족을 위해 용기를 내보지만 무서워서 벌벌 떨고 타인을 위해 희생했지만 속상해서 엉엉 울기도 합니다. 너무 인간적이라 안쓰럽고 그 모습이 귀엽기도 해서 웃음이 터집니다.

또한 재난 영화에서 주로 등장하는 사회의 부조리는 특권층의 부도덕함입니다. 가지고 있는 권력으로 약자를 누르고 먼저 살아남으려는 악랄한 인간이 되어 의로운 주인공과 대치합니다. 그런데 이 영화에는 그런 악인이 없습니다. 그나마 구름정원의 점장이 살아남기 위해 이런저런 졸렬한 행동을 하지만 겁쟁이라 그럴 뿐입니다. 점장은 건물에 갇힌 사람들이 소리치며 당신이 책임자이니 옥상 열쇠를 찾아내라고 하자 책임자는 자기 아버지라며 못난 모습을 보입니다. 혼자 살겠다고 방독면을 숨겼다가 다시 꺼내 들고 열쇠를 찾아오라고 다른 사람들한테만 자꾸 부탁합니다. 이런 못난이를 주인공과 대치하는 악인이라 할 수도 없으니 〈엑시트〉에는 이렇다 할 악인이 없습니다. 한마디로 영화 〈엑시트〉는 재난 영화의 공식을 깨고 재난 상황을 코미디로 무장한 인간극장이라 할 수 있습니다.

⊕ 재난 안내 문자

영화는 주인공 용남의 철봉 장면으로 시작됩니다. 그는 철봉에 매달려 갖가지 철봉 기술을 보여줍니다. 그걸 지켜보는 사람은 동네 아이들과 마실 나오신 할머니들밖에 없지요. 낮 시간에 추레한 운동복 차림에 철봉만 하고 있으니 용남의 정체가 백수임을 알 수 있습니다.

이어지는 장면에 용남은 취업 불합격 문자를 받고 같은 백수 처지인 지인과 술을 마시며 신세 한탄을 합니다. 그 순간 삐~삐~ 하고 요란하게 울려대는 재난 안내 문자를 술집에 있는 모든 사람들이 받습니다. 지진이 난 곳이 우리 동네가 아니라 다행이란 말에 술을 같이 먹던 형이 말합니다.

"지진, 쓰나미, 이런 것만이 재난이 아니라 백수로 살아가는 상황 자체가 재난이야."

누구에게나 재난 안내 문자가 오듯이 누구에게나 닥칠 수 있는 재난. 청년 실업, 우울증, 자살, 환경 파괴, 전쟁, 난민……. 이 모든 것이 현대사회가 만들어낸 새로운 개념의 재난이 된 것입니다.

🎬 취준생의 삶의 무게

취준생의 삶의 무게는 영화 곳곳에 숨어있습니다. 백수 용남은 온 가족과 친척들의 걱정거리로 살아가며 자존감이 바닥까지 내려가 있습니다. 자신을 '좃밥 개쓰레기'라고 표현하지요. 용남의 조카는 동네 놀이터에서 삼촌을 보면 창피해하며 모른 척합니다. 누나는 부모님의 걱정거리라며 용남을 쥐 잡듯 잡습니다.

어머니의 칠순 잔치에서도 잔치에 참석한 사람들은 용남에게 잘될 거라는 위로의 말만 자꾸 합니다. 용남은 점점 작아집니다. 가족들이 신나게 노래하고 춤추며 잔치를 즐길 때도 멀찌감치 서서 계속 박수만 칩니다.

그리고 오랜만에 만난 의주에게도 벤처 회사 과장이라고 거짓말까지 합니다. 자신의 지금 모습이 한없이 부끄럽기 때문입니다. 자신이 처한 현실이 초라하다는 생각에 매사 기죽어 있는 용남의 모습이 안쓰럽습니다.

독가스가 밀려드는 급박한 재난의 순간에도 백수 용남에 대한 가족들의 신뢰는 바닥입니다. 용남은 산악동아리의 에이스답게 재빨리 재난 상황을 인지하고 극복하려 합니다. 모두 옥상으로 대피하라고 소리치지요. 그러나 용남의 말을 듣고도 가족들은 머뭇거립니다.

"내 말 좀 들어줘요. 제발!"

목청 높여 외쳐도 용남을 믿어주는 건 부모님뿐입니다. 가족들 누구도 백수 용남의 능력을 믿지 못한 것이지요. 가족들은 높은 곳을 올라가라는 재난 안내 문자를 받고서야 움직이기 시작합니다.

모두에게 무시당하고 스스로도 자신을 하찮게 여기는 용남은 모두가 혼란에 빠진 재난의 상황에 자신을 다독이며 알고 있는 모든 지식과 모든 힘을 다하여 기꺼이 재난 속 영웅으로 거듭납니다. 마치 지금까지 아무것도 보여주지 못했던 자신의 모든 것을 보여주겠다고 결심한 것처럼 말입니다.

✪ 결국은 인간애

〈엑시트〉에서도 깨지지 않은 재난 영화의 공식은 바로 '인간애'입니다. 주인공 용남과 의주가 그것을 지켜냅니다. 용남은 가족들을 구하기 위해 위험을 무릅씁니다. 옥상으로 가야 하지만 밖에서 잠긴 옥상 문. 그 문을 열기 위해 산악동아리에서 익혔던 클라이밍 기술로 건물 벽을 오릅니다. 아슬아슬하게 건물 벽을 오르던 용남이 자신의 안전을 지탱하고 있던 줄을 잘라내는 장면은 간담이 서늘해지게 만듭니다. 용남은 옥상이 바로 코앞에 보이는데 줄이 짧아 더 이상 오르지 못하자 추락의 두려움을 감수하며 줄을 자르고 건물 벽을 맨손으로 오릅니다. 용남은 자신이 아니라 모두를 위해서 두려움을 극복하고 이 일을 해낸 것입니다.

구름정원 옥상에서 구조를 기다리며 휴대폰 불빛으로 모두 함께 SOS 구조 신호를 보내는 장면은 세간의 화제가 되기도 했습니다.

'따따따 따따 따 따따따'

이렇게 모두가 힘을 모아 구조헬기를 옥상으로 불렀습니다. 그러나 정원 초과로 용남과 의주는 타지 못합니다. 아니, 기꺼이 타지 않습니다. 이 순간 용남과 의주는 인간애 넘치는 영웅이 되었습니다. 그런데 헬기가 떠나자 용남과 의주가 엉엉 웁니다. 어찌나 인간적인지 감동보다는 사랑스럽습니다.

이때부터 영화가 끝나기까지 살아남기 위해 사투를 벌이는 용남과 의주의 모습은 아주 눈물겹습니다. 도시를 휘감고 상승하는 유독가스로부터 자신을 보호하기 위해 쓰레기봉투로 온몸에 칭칭 감아 방호복을 만들고, 이 건물 저 건물 옥상을 뛰어넘고 오르고 달리며 산악 기술을 있는 대로 발휘합니다. 하지만 두려움에 떨고 눈물 흘리는, 전혀 영웅 같지 않은 이들의 선전은 유쾌함을 자아냅니다. 스포일러 당해서 결론을 아는 드라마를 보듯 편안한 마음으로 재난 영화를 본다니 아이러니합니다. 너무나 허술하지만 순간순간을 불사신같이 극복하고 목숨을 이어가는 이들의 모습은 날마다 위기에 처해있는 현대인들에게 위로가 됩니다.

이 허술한 영웅들은 또 한 번의 인간애를 보여줍니다. 구조헬기와 연락이 닿아 구조가 될 찰나 맞은편 건물 학원에 갇혀있는 아이들을 봅니다. 용남과 의주는 이번에도 아이들에게 구조의 기회를 넘깁니다. 구조되기 위해 사람인 척 잔뜩 모아두었던 마네킹과 입간판을 이용해 옥상 바닥에 커다란 화살표를 만듭니다. 아이들을 먼저 구하라고 온몸으로 아이들이 있는 건물 쪽을

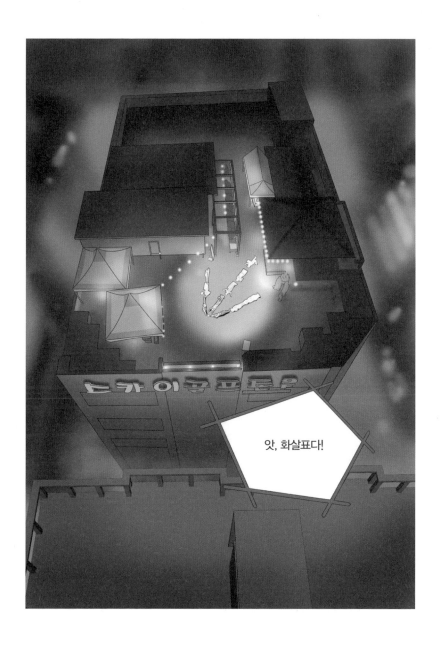

가리킵니다. 덕분에 구조헬기는 이들이 알려준 건물 쪽으로 날아가고 아이들은 구조됩니다.

용남과 의주는 유독가스가 차오르는 건물에서 탈출하기 위해 다시 벽을 타고 건물을 오르고 달리기 시작합니다.

❂ 유튜버, 드론, 실시간 방송

용남과 의주의 질주는 드론 촬영 영상을 방송국에 팔려는 사람에 의해 실시간 방송됩니다. 유튜버들은 실시간 방송을 보며 다시 자신의 실시간 방송을 하게 되고 용남과 의주의 모습이 일파만파 퍼집니다. 그리고 용남과 의주를 돕고자 하는 댓글들이 삽시간에 달립니다. 사람들은 용남과 의주가 있는 곳까지 드론을 띄웁니다. 이렇게 몰려든 드론의 빛들은 용남과 의주에게 희망의 빛이 됩니다. 문명의 이기들이 용남과 의주를 살립니다. 고립된 그들을 찾아낸 것은 사람이 아니라 기계였습니다. 사람과 사람을 이어주는 기술이 사람을 살려낸 것입니다.

감독이 선택한 유튜버, 드론, 실시간 방송. 이런 것들은 현대인에게 득(得)과 실(實)을 모두 가져다주는 문명의 새로운 형상입니다. 지금 우리가 살고 있는 시대에는 누구나 유튜버를 하며 자신만의 능력을 드러낼 수 있습니다. 하지만 일확천금을 꿈꿀 수 있는 그 일이 허황된 꿈이 되어 발목을 잡기도 합니다. 드론 촬영으로 아름다운 영상을 만들 수 있지만 사생활을 침해하는 무기가 되기도 하고, 실시간 방송으로 소통의 즐거움을 얻기도 하지만 인기를 얻기 위해 극단적 행동을 하는 폐단을 낳기도 합니다. 지금 우리 사회를 주도하고 있는 이런 기술들을 우리가 어떻게 사용하느냐에 따라 인류의 삶은 풍요로워질 수도 메마른 사막이 될 수도 있게 된 것입니다.

영화 〈엑시트〉에는 심장을 조이는 거대한 자연재해도, 상대하기 너무 벅찬 거대한 괴물도 없습니다. 심지어 주인공 영웅의 멋진 액션과 카리스마도 없습니다. 무서우면 울고, 어쩔 줄 모르고 발을 동동 구르는 인간적인, 너무나 인간적인 용남과 의주만이 있습니다. 그들의 모습이 우리의 모습과 너무나 닮아 그들을 보며 그저 자신의 일상을 느낍니다. 평범한 이들의 용기, 그들의 용기는 살아남기 위해 사투를 벌이는 바로 우리를 일으킵니다.

타워

감독: 김지훈 | 개봉: 2012년 | 등급: 12세 관람가

행복한 크리스마스에 벌어진 최악의 참사. 초고층 빌딩의 화재 현장에서 벌어지는 사투 속에서도 권력층의 이기심과 비리는 멈추지 않습니다. 재난 속에서 소방관들의 빛나는 활약, 살아있는 희생과 사랑이 감동을 줍니다.

인투 더 스톰

감독: 스티븐 퀄일 | 개봉: 2014년 | 등급: 12세 관람가

갑작스런 기상이변으로 발생한 최대풍속 초속 300미터의 비바람과 하늘로 솟아오른 불기둥, 진공청소기처럼 모든 것을 빨아들이는 사상 최대의 재난이 오클라호마의 실버톤을 덥칩니다. 압도적인 스케일로 실제 토네이도 사건을 보는 듯한 생생함을 느낄 수 있습니다.

딥워터

감독: 요아힘 헤덴 | 개봉: 2020년 | 등급: 12세 관람가

스쿠버다이빙 재난을 당한 두 자매의 생존을 위한 사투를 그린 영화로, 설산과 눈, 얼음 바다가 등장하여 긴장감과 싸늘함을 배가시킵니다. 바위에 깔려 꼼짝 못 하는 동생을 구조하려 하지만 번번이 실패하면서 겪는 언니의 심리 변화를 살펴볼 수 있습니다.

1

지금까지 본 재난 영화 중 가장 인상적인 영화가 무엇인지, 그 영화의 줄거리와 영화가 주는 사회적 메시지를 써봅시다.

2

용남과 의주는 건너편 건물에 고립된 아이들을 살리기 위해 자신들에게 주어진 구조 기회를 넘깁니다. 비단 영화뿐 아니라 현실에서도 이들처럼 재난이 닥칠 때 자신을 희생하고 타인을 살리는 의인이 있습니다. 반면 재난 상황에서 자신만 살기 위해 타인은 아랑곳하지 않는 이기적인 인간도 있습니다. 재난 상황에서 나라면 어떻게 행동했을지 그리고 그 행동의 차이는 어디에서 나오는 것인지에 대해 토의해봅시다.

3

영화에서 용남의 부모님은 홀로 구조를 받지 못한 아들을 애타게 기다립니다. 아들이 무사하기를 바라는 절절한 마음에 용남의 아버지는 아들이 그곳에 있다는 이유 하나만으로 택시운전사에게 큰돈을 주고 유독가스가 가득한 위험지역 근처로 갑니다. 하지만 세상에는 오히려 자녀를 학대하거나 방임하여 죽음으로 내모는 부모들도 있습니다. 모성애나 부성애는 본능적인 것인지 사회적 가치로 교육되는 것인지 토론해봅시다.

4

지진으로 한반도가 떠들썩했던 때가 있었습니다. 그때 재난키트나 생존 가방이 불티나게 팔리기도 했는데요. 우리 집에 '재난생존키트'를 만들어 둔다면 어떤 것을 넣어야 할지 그리고 그 물건이 꼭 들어가야 할 이유에 대해 이야기해봅시다. 단, 생존키트의 크기는 한정되어있으니 10가지만 선택해야 합니다.

5

영화에서처럼 재난 상황이 닥쳤을 때 구조대원들은 누구부터 구해야 할지 갈등하는 경우가 있습니다. 만약 가까운 곳에 소수의 인원이, 조금 먼 곳에 다수의 인원이 구조를 기다리고 있다면 어느 쪽부터 구조해야 할까요? 한 쪽을 선택하고 그쪽을 선택한 이유를 들어 토론해봅시다.

나의 특별한 형제

'함께하는 것'이 가진 힘

감독: 육상효 | 개봉: 2019년 5월 | 등급: 12세 관람가

❖ ❖ ❖

〈말아톤〉, 〈맨발의 기봉이〉, 〈7번방의 선물〉, 〈그것만이 내 세상〉 그리고 지금 들여다볼 〈나의 특별한 형제〉는 모두 장애인을 주인공으로 한 영화입니다. 장애인을 주인공으로 한 영화는 모두 착한 영화라는 공통점이 있습니다. 차별받는 장애인의 삶을 보여주되 장애를 극복하고 장애인과 비장애인이 전혀 다르지 않다는 것을 보여주지요. 장애를 가졌든 아니든 우리는 모두 소중한 인권을 부여받아야 한다는 사실을 보여주며 이 소중한 가치를 실현하기 위해 그들을 도와주는 착한 사람이 등장합니다. 그

리고 모두 해피엔딩으로 끝을 맺습니다.

어떤 이들은 이런 영화를 뻔한 스토리에 뻔한 결말이라고 단정 지으며 식상하다고 표현하기도 합니다. 하지만 어느 날 문득 차가운 일상에 지쳐 마음을 따뜻하게 데워줄 무언가가 필요하거나 삭막한 세상살이에 지쳐 시원하게 울어버리고 다시 시작하고 싶은 마음이라면 이런 영화가 딱 맞는 치료제가 될지도 모르겠습니다.

〈나의 특별한 형제〉는 특별한 사연이 있는 영화입니다. 영화의 시작과 함께 안내글을 띄워주며 실화를 바탕으로 하고 있음을 알려줍니다. 지체장애인 최승규와 지적장애인 박종렬에 관한 뉴스는 2002년 우리 사회에 잔잔한 감동의 파장을 일으켰습니다. 1996년 광주의 한 복지원에서 만난 두 사람은 '강력 접착제'라는 별명을 얻을 정도로 한 몸처럼 생활했다고 합니다. 2002년 최승규가 광주대학교에 입학하자 박종렬은 최승규가 대학을 다니는 4년 내내 휠체어를 밀고 다니며 그의 수발을 들어줬다고 합니다. 그 덕분에 최승규는 대학을 졸업하고 사회복지사 자격증을 취득할 수 있었습니다. 이 감동적인 사연이 영화로 만들어진 것입니다.

✪ 특별하거나 혹은 평범하거나

영화의 제목에 '특별'이라는 단어가 들어가서일까요? 영화의 등장인물들은 하나같이 평범하지 않습니다. 과하게 여겨질 정도로 모두가 착한 인물들입니다.

'책임의 집'을 운영하며 장애아들을 돌보는 박 신부님은 얼핏 보기에 무척 날라리 같은 신부입니다. 늘 술에 취해 살고 무슨 일이든 건들건들 대충대충 하는 것 같습니다. 하지만 신부님의 속마음을 들여다보면 아이들 하나하나를 사랑하며 아이들에게 살아갈 이유를 부여합니다. 책임의 집이라는 시설의 이름도 '사람은 누구나 태어났으면 끝까지 살아가야 할 책임이 있다'라는 의미를 담고 있습니다.

주인공 세하 역시 별난 인물입니다. 그는 영화가 시작되자마자 관객들에게 강렬한 인상을 남깁니다. 지적장애아인 동구를 괴롭히는 아이들에게 그만 좀 하라고 날카롭게 소리치지요. 어릴 적 사고로 전신마비인 채 살아가는 세하가 할 수 있는 일은 아무것도 없는데도 말입니다. 어떤 공격도 방어도 할 수 없는 세하에게 덩치 큰 아이가 달려와 세하의 휠체어를 발로 걷어찹니다. 그런데도 세하는 두려워하지 않습니다. 자신은 '경추척수이상'이라 아픈 걸 모른다며 짱돌로 찍어보라고 도발합니다. 화가 난 아이는 돌로 세하의 머리를 찍어버리고 세하의 이마에서는 피가 주르륵 흐릅니다. 그런데도 세하는 그 아이에게 겁먹지 말고 다시 찍어보라며 으름장을 놓습니다. 아이는 세하의 불꽃같은 눈빛에 겁을 먹고 주저앉아 엉엉 울고 맙니다. 이렇게 세하는 세상에 당차게 맞서며 동구를 지켜내는 형으로 살아갑니다. 물론 동구의 도움을 받으면서요.

동구는 순수하고 맑은 어린아이의 영혼을 가졌습니다. 엄마에게 버림받은 상처를 끌어안고 세하를 '형아'라고 부르며 착한 마음으로 세하를 돕습니다. 물에 빠진 세하를 구하고 화장실도 늘 같이 가고 먹을 것을 챙기며 어떤 경우에도 세하를 향한 사랑의 끈을 놓지 않습니다. 세하를 위해서 궂은일도 마다하지 않습니다. 형을 씻기고 먹이고 형이 깨끗한 걸 좋아하니 늘 청소도 잘합니다. 어린아이의 마음을 가졌지만 형을 돌볼 줄 아는 동구. 동구는 세하와 특별한 형제가 되어 세상을 헤쳐 나갑니다.

수영장 아르바이트를 하다가 세하의 계획으로 동구의 수영 선생님이 되는 미현 역시 맑은 영혼의 소유자입니다. 그녀는 단칸방에서 혼자 살고 있습니다. 온갖 아르바이트를 하며 고단한 하루하루를 보내는 취준생이지만 미래를 꿈꾸며 삽니다. 주눅 들지 않고 당당하게 살아가며 자신의 소중함을 놓치지 않습니다. 그리고 세하와 동주의 소중함도 깨달아갑니다. 그렇게 점점 세하와 동구의 훌륭한 조력자가 되지요.

사회복지사 송주사 형은 또 어떤가요? 그는 세하와 대학교 선후배 사이라는 인연 하나만으로 세하와 동구를 가족처럼 돕습니다. 책임의 집을 물심양면으로 돕다가 결국 책임의 집에 철거명령이 떨어졌을 때 세하와 동구를 헤어지지 않게 하려고 자기 집으로 데려옵니다. 그리고 세하와 동구 엄마의 재판이 열렸을 때도 물심양면으로 세하를 돕습니다. 현실에서 찾아보기 힘든 착한 인물입니다.

영화는 보는 내내 관객의 마음을 쥐락펴락합니다. 울렸다가 웃겼다가 마음 졸이게 했다가 푸근하게 했다가……. 이 모든 것을 가능하게 하는 것은 실화를 모티브로 한 까닭이기도 하지만 코미디와 휴머니티를 적절하게 버무려놓은 감독의 힘이기도 합니다. 등장인물들이 툭툭 던져놓는 대사들이 보는 이들의 마음을 사로잡고 주인공들의 진심 어린 연기 또한 감동을 전달합니다.

그런데 이 착하디착한 특별한 사람들이 엮어내는 한 땀 한 땀의 이야기를 자세히 들여다보면 평범한 우리의 이야기와 별반 다르지 않습니다. 싸우고, 사랑하고, 미워하고, 후회하고. 그리고 삶을 버텨낼 만한 서로의 버팀목이 되어 살아가는 평범한 우리의 모습이지요. 그래서 영화 속 등장인물들과 함께 울고 웃으며 공감하는 것입니다. 결국 우리는 누군가의 무엇이 되어 아주 특별하거나 혹은 아주 평범하게 이 세상을 짊어지고 살아가고 있는 것입니다.

❋ 사랑한다는 것의 의미

등장인물을 이해하는 방법 중 하나는 인물을 '평면적 인물'과 '입체적 인물'로 나누어 생각하는 것입니다. 이 영화에 나오는 대부분의 인물은 평면적 인물입니다. 어떤 반전도 없이 시종일관 착하지요. 그런데 동구의 엄마는 이 영화에서 유일하게 입체적 인물이라 할 수 있습니다. 덕분에 영화는 아주 쫄깃해집니다.

동구의 엄마는 다섯 살짜리 동구를 수영장에서 버립니다. 수영을 좋아하는 동구에게 수영장 끝까지 갔다가 돌아오면 엄마가 기다리고 있을 거라고 말하지만 동구가 수영장 끝에서 턴을 하여 돌아오기 전에 떠나버립니다. 동구는 그때의 충격으로 성인이 되어서도 수영대회에서 엄마를 찾다가 완주하지 못하고 수영장 한가운데 멈춰서고 맙니다.

세하와 동구가 자립할 준비를 할 무렵 동구를 버린 엄마가 드디어 등장합니다. 텔레비전에 나온 동구와 세하를 보고 세하를 찾아와 동구를 데려가겠다고 하지요. 세하는 그 결정을 따를 수 없습니다. 이기적 마음에서가 아니라 동구를 버렸던 엄마와 동구가 잘 지낼 수 있을지 걱정스러웠기 때문입니다. 세하의 마음을 보지 못하는 동구의 엄마는 세하를 비난합니다. 그리고 동구를 데려가기 위해 재판을 시작합니다. 재판에서 변호사는 엄마가 동구를 버린 것을 후회하며 찾아 헤맸던 증거들을 보여줍니다. 덕분에 엄마는 재판에서 이깁니다.

가만히 생각해보면 동구 엄마의 결정 속에 동구는 늘 없었습니다. 동구가 무엇을 원하는지는 안중에도 없고 그저 자신의 마음이 이끄는 대로 결정했습니다. 사는 게 힘들어 동구를 버렸고, 마음이 힘들어 동구를 찾아 헤맸고, 그리움에 지쳐 다시 동구를 데려가기 위해 소송을 했으며, 동구와 함께 살게 되자 동구를 보호한다며 꼼짝 못 하게 합니다. 그러다 결국 모든 것을 후회하

고 동구가 원하는 대로 세하와 함께 살도록 도와줍니다. 주인공
을 적대시하는 인물에서 극적으로 조력자가 되는 인물이지요.

비록 동구의 엄마가 이랬다저랬다 일관성 없는 입체적 인물이
라 할지라도 동구를 사랑한다는 것에 이의를 제기할 수는 없습
니다. 다시 만난 동구에게 좋아하던 음식을 해주고 세하가 동구
를 이용하는 것 같아 "동구가 평생 당신 수발이나 들어야겠냐!"
고 분개하며 세하에게 소리를 지릅니다. 생활고 때문에 동구를
버렸지만 다시 동구를 찾기 위해 노력했고 이제껏 주지 못한 사
랑을 주기 위해 재판을 해서라도 동구를 데려가려고 하니 말입
니다. 그녀는 그녀가 할 수 있는 방법으로 사랑을 표현한 것입니

다. 하지만 결국 동구는 세하의 사랑을 택합니다. 그렇다면 둘의 사랑은 어떤 차이가 있을까요?

쉘 실버스타인의 그림 동화 《아낌없이 주는 나무》는 사랑은 주는 것도 받는 것도 아님을 알려줍니다. 아낌없이 주었던 나무도 대가 없이 받기만 했던 소년도 결국은 상실감을 느낍니다. 함께하는 것. 이것이 진짜 사랑이라 깨닫게 됩니다.

동구는 무엇을 자꾸 주려한 엄마의 사랑을 선택하지 않았습니다. 함께하는 기쁨을 누리는 사랑을 선택했습니다. 그것을 몰랐던 엄마는 동구를 떠났고 다시 돌아와서도 동구의 마음과 함께하지 못했습니다. 동구에게 맛있는 음식을 만들어주고 동구가 위험하지 않게 아무 일도 시키지 않고 동구를 그저 보호하려고만 합니다. 동구가 원하는 것을 생각하지 못하지요. 사랑의 방법을 몰랐던 것입니다. 그저 무언가를 주기만 하면 사랑이라 생각했나 봅니다. 아낌없이 주는 나무처럼요. 그러나 진정한 사랑의 의미는 '함께하는 것'에 있습니다. 동구는 세하와 살며 종종 이렇게 묻습니다.

"형아는 안 떠날 거지?"

세하는 그 물음에 대답합니다.

"네가 휠체어 밀어주지 않으면 아무 데도 못 가는데 어떻게 가."

세하와 동구의 사랑은 이렇게 함께하는 것이었습니다.

❀ 함께하는 것이 가진 힘

영화 초반부에 세하의 휠체어가 언덕 아래로 미끄러져 강에 빠지는 장면이 나옵니다. 위험에 빠진 세하를 동구가 구하러 강으로 뛰어들지요. 그런데 영화의 마지막에도 같은 장면이 다시 등장합니다. 사실 세하의 휠체어는 모두가 바빠 그를 돌볼 사람이 없는 사이 언덕 아래로 미끄러졌는데 다행히 나뭇가지에 걸려 멈춥니다. 그런데 피크닉 나온 가족의 단란한 모습을 물끄러미 바라보던 세하가 온 힘을 다해 휠체어를 흔들어 강물에 빠진 거지요. 사고가 아니었습니다. 함께할 가족도, 사랑하는 사람도 없다고 생각한 세하가 스스로 죽음을 선택한 것입니다.

그런 세하를 동구가 구해옵니다. 그리고 말합니다.

"우리, 집에 가자."

우리 그리고 집. 세하는 비로소 함께할 '우리'가 생겼고 살아갈 이유가 생긴 것입니다. 그 힘으로 세하는 옴짝달싹할 수 없었던 절망 속에서 빛으로 달려 나옵니다. 세하와 동구는 누가 우리를 무시하면 무시무시하게 해주자며 씩씩하게 성장합니다.

영화는 약한 사람들은 약해서 서로 도울 수 있으며 그래서 강해질 수 있다고 이야기합니다. 세하와 동구의 조력자가 된 미현은 세하 앞에서 자신의 마음을 털어놓습니다.

"오빠들 보니까 약한 모습 보여도 괜찮겠더라고. 약하니까 같이 사는 거지."

같이하면 무엇이든 힘이 납니다. 행복하게 해낼 수 있습니다.

세하는 재판정에서도 말합니다.

"우리 신부님이 그랬어요. 약한 사람끼리 돕고 사는 거라고. 약한 사람들은 약해서 남을 도울 수 있는 거라고. 혼자만 생각하면 죽을 수밖에 없지만 다른 사람을 돕고 같이 생각하면 죽지 않는다고. 내가 동구를 이용했다면 동구도 나를 이용한 겁니다. 동구가 나를 도왔다면 나도 동구를 도운 겁니다. 그렇게 우린 같이 사는 거라고요."

세하와 동구는 그렇게 함께하는 것의 힘을 잘 알고 있는 형제였습니다.

〈나의 특별한 형제〉는 장애인의 잠재력을 보여주거나 장애인의 성장과 인간 승리를 보여주거나 장애인을 도와주는 비장애인의 희생정신을 보여주는 영화가 아닙니다. 그저 함께 살아가는 것에 대한 이야기입니다. 세하는 미현의 취업을 위해 써준 평가에 이렇게 적습니다.

'그녀와 함께 있으면 종종 우리는 장애인이라는 것을 잊었다.'

이것이야말로 영화가 우리에게 들려주는 우리가 가야 할 길입니다.

언터처블: 1%의 우정

**감독: 올리비에를 나카체, 에릭 토레다노 | 개봉: 2011년 |
등급: 12세 관람가**

백만장자이지만 전신불구인 귀족 필립과 무일푼의 백수 드리스의 만남. 2주간의 내기로 시작된 예상치 못한 동거이지만 둘의 동행을 통해 인간이 가진 믿음과 신뢰, 사랑을 경험할 수 있습니다.

형

감독: 권수경 | 개봉: 2016년 | 등급: 12세 관람가

교도소 복역 중이던 형은 불의의 사고를 당한 동생을 보살피기 위해 1년간 가석방됩니다. 15년 동안 연락 한 번 없던 형과의 동거가 동생은 불편하기만 합니다. 좌충우돌 부딪히며 서로 가까워지는 형제들을 보며 관객들은 웃기도 하고 울기도 합니다.

나는 보리

감독: 김진유 | 개봉: 2020년 | 등급: 전체 관람가

바닷가 마을에 사는 보리는 가족 중 유일하게 들을 수 있습니다. 보리는 커가면서 점점 수어로 소통하는 가족들 사이에서 외로움을 느끼고 소리를 잃고 싶은 마음까지 가집니다. 사랑스런 보리가 성장하는 모습을 보며 가족의 소중함을 느낄 수 있습니다.

1

부모님이 돌아가시고 홀로 남겨진 세하는 장애인 시설에 맡겨집니다. 삶의 의욕을 잃은 세하는 자살을 결심하고 휠체어를 굴려 강으로 떨어지는데요. 이런 세하에게 어떤 말을 해주고 싶은지 적어봅시다.

2

세화와 동구, 책임의 집에서 사는 친구들은 신부님이 돌아가시자 살길이 막막해집니다. 동구의 도움으로 대학을 졸업하고 사회복지사 자격증이 있던 세하는 책임의 집 식구들을 먹여 살리기 위해 불법을 저지르기로 마음먹습니다. 봉사 시간을 돈을 받고 팔게 되지요. 좋은 학교에 입학하고 좋은 직장에 취업하기 위해 필요한 '봉사 시간 제도'에 대해 생각해보고, 장점과 단점에 대해 이야기해봅시다.

3

책임의 집이 헐리는 것으로 결정 나자 세하와 동구는 자립하기로 하고 나머지 친구들은 뿔뿔이 다른 시설로 흩어집니다. 세하와 동구가 헤어지지 않기 위해 선택한 자립은 비현실적인 결정으로도 보입니다. 헤어지더라도 보살핌이 체계적인 복지시설로 가야 했던 것은 아닐까요? 아니면 함께하기 위해 자립했던 것이 옳은 결정일까요? 사회복지사가 되었다고 생각하고 어떤 것이 최선의 결정일지 토론해봅시다.

4

신문이나 매스컴의 기사 속에서 종종 장애인들의 권익을 위한 시위나 집회를 볼 수 있습니다. 우리 사회에서 개선되어야 할 장애인의 권익은 어떤 것들이 있는지 토의해봅시다.

5

모성애는 대체로 무조건적인 사랑으로 표현됩니다. 하지만 삐뚤어진 모성애로 자녀를 아프게 하는 사례도 종종 있습니다. 잘못된 모성애의 사례를 찾아봅시다.

82년생 김지영

여자로 살아가다

감독: 김도영 | 개봉: 2019년 10월 | 등급: 12세 관람가

관객은 좋은 영화에 수많은 관람과 박수로 보답합니다. 반면에 재미도 없고 가치도 없다고 여겨지는 영화는 철저히 외면합니다. 그러나 놀랍게도 영화 〈82년생 김지영〉에 대해서는 보지도 않고 평가하고, 비난하기 위해 영화를 보고, 단 하나의 관점으로 영화를 비평하는 놀라운 현상들이 발생합니다.

영화의 원작인 조남주의 소설 《82년생 김지영》은 철저한 페미니즘 소설이라는 평가를 받으며 세간의 논쟁거리가 되었기에 영화화되는 것 자체만으로도 많은 사람의 화젯거리가 되었습니다.

대부분의 관객들은 영화 그 자체를 기대하기보다는 원작과의 관계를 보고 싶어 하거나 논란의 이유를 들여다보고 싶어 했습니다. 때로는 무조건적 비판들에 일침을 가하기 위해 영화관으로 가는 수고도 마다하지 않았습니다.

영화는 상영 후에도 많은 논란이 되었습니다. 주인공보다 더 비중이 느껴지는 남편 대현 역을 맡은 배우 때문에 '김지영이 안 보이는 김지영 영화'라는 혹평을 듣기도 했고, 젠더 갈등만 부추기는 현실성 없는 영화로 폄하되기도 했습니다. 하지만 수많은 혹평 속에서도 영화는 기대 이상으로 관객들의 많은 공감을 이끌어냈습니다. 아마도 그 힘은 소설에 비해 정말 그럴법한 일들만 잘 추려냈기 때문일 것입니다. 여자라면 누구나 한 번쯤 겪었을, 엄마라면 누구나 고개를 끄덕일 만한 이야기들을 과하지 않게 표현해놓았기에 내 이야기, 내 누이의 이야기 혹은 나의 엄마의 이야기 같아 눈물로 공감했을 것입니다.

영화의 줄거리는 복잡하지 않습니다. 주인공 김지영은 주변 어디에서나 볼 수 있는 평범한 인물입니다. 남들처럼 열심히 공부해서 괜찮은 회사에 취직도 하고 회사에서도 어느 정도 인정받으며 평범한 일상을 삽니다. 물론 그 평범한 일상 속에서도 여자이기에 겪는 편견은 존재합니다.

지영의 할머니는 손자만을 소중히 여기는 남아선호사상을 지닌 사람으로, 여자들은 그저 조신하게 살림이나 하라고 합니다. 지영의 어머니 역시 남자 형제들의 학업을 위해 희생하며 자신의 삶을 포기하며 살아왔습니다. 지영의 아버지는 영국 출장을 갔다 오며 지영과 언니에게는 공책을, 막내아들에게는 고가의 만년필을 선물했습니다. 또 대학을 졸업한 지영이 취직이 잘 안 되자 가만히 있다가 시집이나 가라고 합니다. 직장생활을 하면서도 지영은 누구나 조금씩은 겪는, 우리 사회에 만연한 성차별을 겪습니다.

그러다 지영은 결혼을 하고 딸아이를 출산하면서 전업주부가 됩니다. 결혼해도 직장생활을 잘 해낼 수 있다고 자신 있어 하던 지영은 점점 지난날의 자신을 잃어갑니다. 그리고 우울증에 빠져 타인으로 빙의되는 증상을 보입니다. 그러나 다행히 남편 대현의 도움으로 자신의 병을 인지하고 다시 새로운 자신을 찾습니다.

✦ 여자로 살아가기

여자로 살아가기가 쉽지는 않습니다. 직장에서는 성차별을 겪고 몰래카메라의 피해자가 되기도 합니다. 지영이 학생일 때 버스에서 만난 남학생도 지영을 그저 성적인 대상으로만 대합니다. 그런 일을 겪은 지영에게 아버지는 옷차림도 행동도 스스로 조심하라고만 합니다.

육아에 지친 지영은 "해 질 무렵 옛날 생각이 나고 해 지는 것

을 보면 가슴이 쿵 한다."고 합니다. 그럴 수밖에 없습니다. 아이를 키우는 엄마는 아이를 안고 화장실에 가야 하고 외출할 때도 기저귀며 젖병이며 아이 물건으로 가방이 가득 찹니다. 내가 나로 살아가는지 그저 아이의 부속품인지 자괴감에 빠지기 십상입니다. 카페에 가면 '맘충'이라고 비아냥거림을 받기도 합니다. 그러니 육아 우울증은 육아를 하는 여성 대부분이 겪는 증상이라 할 수 있습니다. 그 경중이 다를 뿐 누구나 경험하는 일입니다.

원작 소설에서 빙의에 더 가깝게 표현되는 지영의 우울증이 영화에서는 다중인격을 갖는 '해리성 정체성 장애'로 표현됩니다. 지영의 증상이 남편이 아닌 가족에게 처음으로 알려진 것은 명절날이었습니다. 지영이 시댁에서의 일을 거의 마무리하고 얼른 친정으로 가려고 준비하던 중 시누이가 집에 도착합니다. 딸이 오자 시어머니는 아무 거리낌 없이 지영에게 음식을 차려오라고 합니다. 그때 지영의 증상이 발현되지요. 쉬고 싶으면 방에 들어가 좀 쉬라는 시어머니의 말에 지영은 갑자기 싸늘한 표정으로 말합니다.

"사부인, 쉬게 해주고 싶으면 집에 좀 보내주세요. 사실 그렇잖아요. 사부인도 명절에 딸 보니 반가우시죠. 저도 제 딸 보고 싶어요. 딸 오는 시간이면 제 딸도 보내주셔야죠. 시누이 상까지 다 보고 보내주시니 우리 지영이는 얼마나 서운하겠어요. 저도 제 딸 귀해요."

지영이 자신의 어머니의 인격이 되어 말을 한 것입니다. 지영은 이렇게 아내로서 며느리로서 엄마로서 살아야 하는 낯선 자신의 삶에 힘겨워하고 있음을 드러냅니다.

신경숙의 소설 《엄마를 부탁해》에서 "나도 엄마는 처음이야."라고 말하던 장면이 생각납니다. 다들 그렇게 살아왔기에 엄마가 되고 며느리가 되는 것이 힘들지 않은 것은 아닙니다. 그저 사랑하는 이들을 위해서 견디고 있을 뿐이지요. 누구나 자신만의 방법으로 힘겨운 그 순간들을 견뎌내고 있는 것입니다.

지영의 언니 은영은 동생과 달리 여성에 대한 사회적 편견과 차별에 정면으로 맞서는 인물입니다. 어린시절에도 남동생만 귀하게 여기는 할머니께 항의하기도 했고 고등학교 다닐 때는 학교 앞 바바리맨을 잡아서 경찰에 넘기기도 했습니다. 여자아이가 부끄럽지도 않느냐고 어른들에게 혼이 나면서도요. 남동생 지석만 싸고도는 가족들 앞에서도 지석에게 집안일을 시키는 등 성차별적 행동을 용납하지 않습니다. 그녀는 그녀만의 방식으로 이 사회 안에서 여성으로 살아갑니다. 이런 은영을 친척들은 유별나다고 합니다. 은영에게 힘이 되는 것은 늘 어머니였습니다. 차별을 겪으며 살았던 자신과 다른 삶을 살기를 바랐던 어머니는 딸들에게 마음껏 사회에 나가 일하라고 격려합니다.

영화에는 지영이 아이의 유치원 엄마들과 함께 이야기하는 장면이 나옵니다. 이 장면은 엄마라는 존재로 살아가며 여성이 느끼게 되는 '존재의 허무감'을 단편적으로 풍자하고 있습니다. 서울대 수학과를 나온 엄마는 육아 스트레스를 수학 문제를 풀면서 극복하고, 연극영화를 전공한 엄마는 아이에게 실감 나게 동화책을 읽어주며 전공을 살린다고 말하며 깔깔 웃습니다. 어떤 공부를 했어도 어떤 경력을 가졌어도 아이를 낳으면 그저 똑같은 아이엄마일 수밖에 없다는 것을 이야기하고 있습니다. 엄마의 역할을 하기 위해 자신의 정체성을 내려놓고 엄마라는 정체성을 선택하기로 한 것입니다.

지영의 어머니는 젊어서는 남자 형제들을 공부시키기 위해 공장에서 일하며 집안 살림을 돕고 결혼해서는 엄마라는 정체성으로 자신을 내려놓고 살았습니다. 그래서 누구보다도 차별받는 여성의 삶을 잘 알기에 하고 싶은 일도 못하고 육아에 지쳐 정신

병까지 걸리게 된 지영을 보며 오열합니다. 아들만 챙기는 남편을 향해 분노를 터트리며 울부짖습니다.

2014년 영화배우 엠마 왓슨은 유엔 양성평등 연설을 통해 이렇게 말했습니다.

"여러분들이 아셔야 하는 것은 페미니즘이라는 단어의 뜻이 남성과 여성이 평등한 권리와 기회를 가져야 한다는 신념이라는 것입니다. 양성이 사회적, 경제적 그리고 정치적 평등을 가져야 한다는 이론입니다."

그러나 지금 우리 사회는 과연 여성이 남성과 평등한 기회를 누리며 살 수 있는 사회인지 생각해보아야 합니다. 출산과 육아의 거룩한 임무가 사회적 차별의 이유가 되는 사회라면 이것은 반드시 변화되어야 할 우리의 문제일 것입니다.

❽ 남자로 살아가기

혹자는 〈82년생 김지영〉을 '꼴페미'*들의 영화라고 말합니다. 또 다른 사람들은 꼴페미들의 잘못된 인식이 오히려 영화를 지나치게 폄하시킨다고도 합니다. 무엇이 되었든 이 영화를 페미

---

* 꼴통이라는 비속어와 페미니스트를 합친 말로, 지나친 여성주의를 비하하거나 올바른 페미니즘을 인식하지 못하고 남성혐오의 대치 상황을 만드는 사람들을 가리키는 말이다.

니즘적 시각으로 보는 것은 잘못이라 생각합니다. 이 영화는 주로 여성의 삶을 조명하고 있지만 남성과 여성을 대결 구도로 두지는 않습니다. 그저 한 사람과 그와 함께하는 사람들이 같이 성장하는 휴먼드라마를 보여주고 있을 뿐입니다. 남자는 남자대로 여자는 여자대로 이 사회가 만들어놓은 틀 안에서 깨지고 부서지며 자신의 일을 감당해냅니다. 치마만다 응고지 아디치에는《우리는 모두 페미니스트가 되어야 합니다》를 통해 남성과 여성의 구분은 사회가 만들어낸 구분이라고 합니다.

> 남자아이와 여자아이가 생물학적으로 다르다는 것은 부정할 수 없는 사실입니다. 하지만 사회가 그 차이를 더 강화합니다.

남성과 여성의 구분 때문에 힘들어지는 것은 비단 여성뿐만이 아닙니다. 영화 속에서 은영은 쉬고 싶어 하는 지석을 끌고 가며 집안일을 돕게 합니다. 그때 지석은 "이 집안에서 아들로 살아가기 힘들다."는 말을 농담처럼 던집니다. 집안에서 하나뿐인 아들로 기득권을 누리는 지석의 말이 농담처럼 들릴지 모르지만 가만히 생각해보면 많은 의미를 담고 있습니다.

우리는 남자는 강하고 용기 있는 존재라고 단정합니다. 어릴 때부터 남자는 무거운 짐을 들어야 하고 울면 안 된다고 교육받습니다. 가정에서는 경제권을 책임져야 하고 부모의 노후를 책임져야 한다고 강요하지요. 가장의 무게, 장남의 무게라는 말은 남자로서 살아가는 삶도 녹록하지 않다는 것을 보여줍니다.

지영의 남편 역시 가정을 책임져야 하는 무게를 감당하고 있습니다. 홀로 육아를 담당하는 아내가 안쓰러워 육아휴직을 했다가 직장을 잃고 말았다는 회사 동료의 이야기를 듣고 망설이는 그의 모습은 가정을 지켜내기 위해 이러지도 저러지도 못하는 가장들의 갈등을 보여줍니다.

대현은 지영이 빵집 아르바이트를 하겠다는 말에 발끈합니다. "네가 하고 싶은 일을 못하게 한 것도 괴로운데 하고 싶지도 않은 일을 하는 거는 못 보겠어."

정신병에 걸린 지영을 보며 어쩔 줄 모르던 대현은 지영이 일을 하고 싶다는 말에 육아휴직을 하겠다고 합니다. 사랑하는 아내가 무너져가는 모습을 보며 대현 역시 "나 때문인 것 같아서."라며 오열합니다.

모두가 자유롭게 살 수 있는 세상이 되었으면 좋겠습니다. 남자라서 혹은 여자라서가 아니라 나 그리고 너로, 서로 도우며 살아가는 세상이면 좋겠습니다. 그러면 좀 더 자유롭게 생각하고 자유롭게 행동할 수 있지 않을까요?

✸ 함께 살아가기

다행스럽게도 영화는 "남자 때문에, 여자 때문에……."라고 말하지 않습니다. 그저 "힘들었구나. 알아주지 못해서 미안하구나."라고 이야기하는 것 같습니다.

딸이 단팥빵을 좋아하는지 크림빵을 좋아하는지 알지 못하는 아버지도 지영 때문에 울고, 엄마의 삶을 똑 닮게 살아가는 딸 때문에 어머니도 울고, 아내의 아픔이 자기 때문인 것 같아 대현도 웁니다. 하지만 이 모든 눈물이 지영의 아픔을 공감하는 눈물이지 누군가의 잘못을 원망하는 눈물은 아니었습니다. 사회가 만들어놓은 편견에 자신도 알지 못한 채 놓쳐버렸던 소중한 것들을 다시 돌아보기 위한 눈물이었습니다.

우리가 사는 세상이 누군가가 누구를 위해 희생하는 세상이 아니라 기꺼이 할 일을 하며 기꺼이 서로를 돌아보고 서로를 이해하는 세상이 되었으면 좋겠습니다. 평등하다는 것은 너와 내가 모두 소중하다는 것을 인정하는 것입니다. 소중한 자신뿐 아니라 소중한 타인을 인정하는 순간 '양성평등'이라는 말은 무의미한 주장이 될 것이라 믿습니다.

루스 베이더 긴즈버그: 나는 반대한다

감독: 벳시 웨스트, 줄리 코헨 | 개봉: 2019년 | 등급: 전체 관람가

평등을 위해 싸운 위대한 대법관 루스 베이더 긴즈버그를 조명하는 다큐멘터리 영화입니다. 그녀는 여성이라는 이유만으로 받는 차별 앞에 물러서지 않고 법을 통해 불평등한 세상을 바꾸어갑니다. 오늘날 우리가 누리는 사회적 평등이 그녀와 같이 용기 있는 사람의 노력으로 이루어졌음을 알게 하는 영화입니다.

히든 피겨스

감독: 데오드르 멜피 | 개봉: 2017년 | 등급: 12세 관람가

세상의 편견에 정면돌파한 그녀들의 이야기입니다. 천부적인 수학 능력자 캐서린 존슨, NASA에서 근무하는 프로그래머 도로시 본과 엔지니어 메리 잭슨. NASA 최초의 우주궤도 비행 프로젝트에 선발된 그들은 인종차별과 남녀 차별 앞에 무기력해짐을 느끼고 괴로워하지만 결국 자신들의 능력으로 차별을 극복합니다.

1   난이도 ★★ 중등 사회

양성평등이라는 말은 어떤 의미를 가지고 있나요? 양성평등의 정의를 내
려보고 우리 사회에서 양성평등이 이루어지지 않는 사례를 찾아봅시다.

2   난이도 ★★★ 중등 역사

영화를 보면 남성이 아닌 여성들이 오히려 여성 차별을 합니다. 명절에 며
느리만 일하게 하는 것도 시어머니이고, 손자를 손녀보다 귀히 여기는 것
도 할머니입니다. 여성이 여성의 존재를 남성보다 아래에 두는 이러한 인식
은 어디에서 비롯된 것일까요? 역사적 이유와 사회적 이유를 찾아봅시다.

3   난이도 ★★★★ 고등 사회

여성의 사회참여는 출산이라는 특수한 상황 때문에 남성보다 제약이 있
는 것이 사실입니다. 여성 인재의 사회참여를 좀 더 활발하게 이루기 위
해 우리가 극복해야 할 과제는 무엇이며 어떤 노력들이 필요한지 토의해
봅시다.

4

난이도 ★★★ 고등 범교과

가부장적 사회에서 남성이 짊어져야 하는 사회적 짐은 무엇이며, 남성이 기에 당하는 역차별 사례는 어떤 것들이 있을까요? 이 문제를 극복하기 위해 어떤 노력을 해야 하는지 토의해봅시다.

5

난이도 ★★★★★ 고등 국어

영화 〈82년생 김지영〉이 사회에 던지는 다양한 생각거리에 대해 토론해보고 자신만의 주제를 선택하여 논술해봅시다.

한국독서문화연구소 우리 영화 연구팀이 선정한 도서 50선

그럼 언제 놀아? 나 그냥 놀고 싶은데! 〈우리들〉
《우아한 거짓말》, 김려령 지음, 창비
《10대 소설로 배우는 인간관계》, 따돌림 사회연구모임 지음, 작음숲

수영장은 놀이터? 아니 전쟁터! 〈4등〉
《슈퍼거북》, 유설화 지음, 비룡소
《어린이가 어린이를 돕는다》, 김이경 지음, 길벗스쿨

나의 마음을 아는 사람은 얼마나 있을까? 〈벌새〉
《우리 가족입니다》, 이혜란 지음, 보림
《나비를 잡는 아버지》, 현덕 지음, 김환영 그림, 길벗어린이

난 당신을 알아요 〈영주〉
《커다란 포옹》, 클리브 기포드 지음, 달그림
《슬픔을 건너다》, 홍승연 지음, 달그림

살인의 의미 〈논픽션 다이어리〉
《십대의 손으로 정의로운 사회 만들기》, 마릴리 피터스 지음, 우리교육
《나라는 부유한데 왜 국민은 불행할까?》, 오건호 등저, 철수와 영희

찬란하게 빛나는 한강의 기적 〈괴물〉
《마르크스, 서울에 오다》, 박홍순 지음, 탐
《청소년을 위한 환경교과서》, 클라우스 퇴퍼, 프리데리커 바우어 지음, 사계절출판사

유령이 된 한 지붕 세 가족 〈기생충〉
《나의 슈퍼 히어로 뽑기맨》, 우광훈 지음, 문학동네
《청소년을 위한 경제의 역사》, 니콜라우스 피퍼 지음, 비룡소

예술의 의미 〈직지코드〉

《빼앗긴 문화재를 말한다》, 혜문 지음, 금강초롱

《문화재 이름도 모르면서》, 이재정 지음, 나는책

우리말 지킴이, 그 현장 속으로 〈말모이〉

《마사코의 질문》, 손연자 지음, 푸른책들

《우리말 모으기 대작전 말모이》, 백혜영 지음, 푸른숲주니어

《내 이름은 이강산》, 신현수 지음, 꿈초 출판

《어찌 상스러운 글을 쓰려 하십니까》 정재흠 지음, 말모이

그때 그 시절, 암흑 같았던 우리의 역사 〈남산의 부장들〉

《우리가 몰랐던 현대사》, 장석준 지음, 노란상상

《우리들의 일그러진 영웅》, 이문열 지음, 다림

《청소년을 위한 한국 근현대사》, 백유선 지음, 휴머니스트

너무나 나약했지만, 너무나 정의로웠던 〈택시운전사〉

《26년》, 강풀 지음, 재미주의

《역사공화국 한국사법정 59: 왜 5.18민주화 운동이 일어났을까》, 이계형 지음, 자음과모음

《책으로 만나는 그날, 5.18광주민주화운동 》, 김해원 지음, 푸른숲주니어

《소년이 온다》, 한강 지음, 창비

1987년, 6월의 깃발 속으로 〈1987〉

《아무도 지나가지마》, 이자벨미뉴스 마르틴스 지음, 그림책공작소

《민주주의를 어떻게 이룰까요?》, 플란텔 팀 지음, 풀빛

《1987 이한열》, 김정희 지음, 사회평론

《특종 1987》 신성호 지음, 중앙북스

해충, 아니? 사람 잡는 기생충 〈연가시〉

《감염도시》, 스티븐 존스 지음, 김영사

《탐정이 된 과학자들》, 마릴리 피터스 지음, 다른

극한의 생존, 달리는 무덤에서 살아남기 〈설국열차〉

《설국열차》, 자크 로브·뱅자맹 르그랑 지음, 장 마르크 로셰트 그림, 세미콜론

《왜 세계의 절반은 굶주리는가?》, 장 지글러 지음, 갈라파고스

좀비보다 더 무서운 〈기묘한 가족〉

《회색 인간》, 김동식 지음, 요다

《지킬 박사와 하이드 씨》, 로버트 루이스 스티븐슨 지음, 문학동네

《신종 바이러스의 습격》, 김우주 지음, 반니

《바이러스 쇼크》, 최강석 지음, 매경

《미래가 온다, 바이러스》, 김성화·권수진 지음, 와이즈만북스

삽질하네. 우리 모두 〈삽질〉

《지구 사용설명서》 우쿠더스 지구이주대책위원회 지음, 한솔수북

《사진, 강을 기억하다》, 강제욱·김흥구 외 8인 지음, 아카이브

신의 세상에 비친 인간 세상의 천태만상 〈신과 함께〉

《신곡- 지옥편》, 단테 알리기에리 지음, 열린책들

《죄와 벌》, 표도르 도스토예프스키 지음, 민음사

우리들의 평범한 영웅 〈엑시트〉

《블랙아웃》, 박효미 지음, 마영신 그림, 한겨레아이들

《손도끼》, 게리 폴슨 지음, 사계절

'함께하는 것'이 가진 힘 〈나의 특별한 형제〉

《아주 특별한 우리 형》, 고정욱 지음, 대교북스주니어

《다시 태어나도 엄마 딸》, 스즈키 루리카 지음, 놀(다산북스)

여자로 살아가다 〈82년생 김지영〉

《우리는 모두 페미니스트가 되어야 합니다》, 치마만다 응고지 아디치에 지음, 창비

《새 옷》, 조예슬 지음, 느림보